"图说中国古代的科学发明发现丛书"编委会名单

主　编　东方暨白
副主编　（按姓氏笔画为序）
　　　　王小月　刘红军　危艳丽　李　嵩　宋先红
　　　　柳会祥　席　嘉　鲁亚莉　曾甘霖　廖继莉

图说中国古代的科学发明发现丛书

本丛书获得中国科学技术协会科普创作与传播试点活动项目经费资助

本丛书列入中国科学技术协会推荐系列科普图书

本丛书中《印刷术的历史》被科学技术部评为"2015年全国优秀科普作品"

本书获得武汉市科学技术协会2016年度武汉市"百万市民学科学——'江城科普读库'资助出版图书"经费资助

造纸术的历史
History of Papermaking

主　编　——　东方暨白
副主编　——　李佳琪　周　晨　胡孜娴
　　　　　　付雪梅　汪难燕

河南大学出版社
HENAN UNIVERSITY PRESS
· 郑州 ·

图书在版编目（CIP）数据

造纸术的历史 / 东方暨白主编. — 郑州：河南大学出版社，2016.4
（图说中国古代的科学发明发现丛书）
ISBN 978-7-5649-2378-5

Ⅰ.①造… Ⅱ.①东… Ⅲ.①造纸工业 — 技术史 — 中国 — 古代 — 图解 Ⅳ.①TS7-092

中国版本图书馆CIP数据核字（2016）第085581号

责任编辑	张雪彩
责任校对	王　贝
整体设计	陈盛杰
出版发行	河南大学出版社
地　　址	郑州市郑东新区商务外环中华大厦2401号
邮　　编	450046
电　　话	0371-86059750　0371-86059701（营销部）
网　　址	www.hupress.com
排　　版	郑州市郑东新区大艺图文设计商行
印　　刷	郑州新海岸电脑彩色制印有限公司
版　　次	2017年6月第1版
印　　次	2017年6月第1次印刷
开　　本	787mm×1092mm 1/16
印　　张	14.75
字　　数	241千字
定　　价	69.80元

（本书如有印装质量问题，请与河南大学出版社营销部联系调换）

序

杨叔子院士

科学技术是第一生产力,而人是生产力中具有决定性的因素,人才大计又以教育为本。所以,当今世界国力竞争的焦点是科技,科技竞争的关键是人才,人才竞争的基础是教育。显然,科普教育,特别是对青少年的科普教育,具有特殊的战略作用。

"图说中国古代的科学发明发现丛书"是一套颇具特色的科普读物,它不仅集知识性、文学性、趣味性、创新性于一体,而且区别于市面上一些类似读物用语的艰涩难懂,本书以叙述故事为主线、以生动图解为辅线来普及中国古代的科学知识,既能使广大青少年读者在一种轻松、愉悦的阅读氛围中汲取知识的养分,又能使他们获得精神上的充实和快乐,更能让他们自然而然地受到中华文化的熏陶。

中国文明五千年来所积淀的文化与知识这一巨大的财富已为世人所公认,其中,尤为显著的"中国古代四大发明"更为中华文明史增添了亮色。一般的说法是英国汉学家李约瑟最早提出了中国古代的四大发明,即造纸术、印刷术、火药和指南针。它们的出现促进了中国古代社会的政治、经济、文化的发展,同时,这些发明经由多种途径传播到世界各地,为世界文明的发展也提供了相当多的"正能量",乃至发挥了关键作用。

民族文化是国人的精神家园。北宋时期的学者张载曾把中华文化精神概括为"为天地立心,为生民立命,为往圣继绝学,为万世开太平",而这套丛书所要承担的更实际的使命则在于"为往圣继绝学"。四大文明古国中唯一延续至今的只有中国,中国的奇迹在今天的世界舞台上仍然频繁上演,中国元素也逐渐成为了世人瞩目的焦点。然而,如何实现"中国制造向中国创造"的历史转变,如何落实"古为今用,洋为中用"的理念,是我们文化工作者所肩负的重担,更是我们神圣的责任。作为教育工作者,我们更应该认识到中国想要实现真正意义上的复兴,就必然要实现文化上的复兴、教育上的复兴和科学上的复兴……

嫦娥奔月、爆竹冲天、火箭升空、"嫦娥"登月携"玉兔"……中华民族延续着一个又一个令人瞩目的飞天梦、中国梦。中华文化这种"齐聚一堂,群星灿烂"的特质使得我们脚下的路越走越宽,也使得我们前行的步伐越走越稳。"神十"女航天员王亚平于北京时间2013年6月20日上午10点在太空给地面的中学生讲课,更是点亮了无数中小学生的智慧之梦、飞天之梦,同时也开启了无数孩子所憧憬的中国梦。

少年造梦需要的不仅是理想与热情,更需要知识的积累与历史文化的沉淀。青少年科普教育是素质教育的重要载体,同时,普及科学知识可以为青少年树立科学的世界观、积极的人生观和正确的价值观,提升青少年的科学素质,丰富青少年的精神生活,并逐步提高青少年学习与运用科技知识的能力。青少年是祖国未来建设的中坚力量和主力军,他们的成人成才关乎中国梦的实现。毫无疑问,提升青少年的科学素质与精神境界,对于培养他们的综合能力、实现其全面发展,对于提高国家自主创新能力、建设创新型国家、促进经济社会全面协调可持续发展,都具有十分重要的前瞻性意义。何况,普及科学知识、倡导文明健康的生活方式是促进青少年健康成长的根本保证之一。

近一年多来,习近平同志一系列有关民族文化的讲话、一系列有关科技创新的指示更让我们清楚地看到,中华文化是我们民族的精神支柱,是我们赖以生存、发展和创新的源源不断的智慧源泉。所以,我们应通过多种渠道、多种路径、多种方式使传统文化与时俱进地为今所用。"图说中国古代的科学发明发现丛书"把我国古代劳动人民众多的发明和发现全景式、多方位地展现在青少年眼前,从根本上摆脱了传统的"填鸭式""说教式"的知识传授模式，以让青少年"快乐学习、快乐成长"为出发点，从而达到"授之以渔"的教育目的。衷心希望这类创新性的科普读物能够开发他们的智力，拓展他们的思维，提高他们观察事物、了解社会、分析问题的能力，并能让他们在一种轻松和谐的学习氛围中领悟到中华文化知识的博大精深，为其发展健康个性与成长为祖国栋梁打下坚实的文化基础。

苏轼在著名的《前赤壁赋》最后写道："相与枕藉乎舟中，不知东方之既白。"我看完本套丛书首本后，知道东方暨白了。谢谢东方暨白及其团队写了这套有特色的科普丛书。当然，"嘤其鸣矣，求其友声"，金无足赤，书无完书，我与作者一样，期待同行与读者对本套丛书中不足、不妥乃至错误之处提出批评与指正。

谨以为序。

中国科学院院士
华中科技大学教授

前 言

华中科技大学中华科技园内的"纸张"雕塑

中华民族是一个历史悠久、富于创造力的伟大民族。造纸术、印刷术、指南针、火药等四大发明以其骄人的科学技术成果,促进了人类文明的进步与社会的发展,为全世界现代文明的建树奠定了坚实的基础。造纸术发明之后,纸张不仅取代了此前种种不尽如人意的记事材料,成为后来人们记录历史、宣传思想、讲学知识的主要媒介,而且还成为后来的书画、印刷、包装、卫生等文化、日用所不可缺少的物品,这难道不值得每一个炎黄子孙感到骄傲和自豪吗?!

可是纸张和造纸术究竟是谁发明的呢?据《后汉书·蔡伦传》里记载,自古以来,书籍文献都是用竹简来写的,后来人们发现质地细薄的缣帛(丝织品)更好,但缣帛很珍贵,而竹简又很笨重,人们用起来很不方便,于是中常侍蔡伦就发明了用树皮、破布、麻头和渔网等廉价的废旧物品来造纸。汉和帝元兴元年(105年),蔡伦把造出来的一批优良的纸张上报给皇帝,皇帝对蔡伦的才能非常赞赏,并下令把蔡伦发明的造纸术向全国各地推广。汉安帝元初元年(114年),朝廷封蔡伦为龙亭侯,所以,后来人们就把蔡伦发明的纸张称为"蔡侯纸"。公元105年,这应该是对我国四大发明之一的纸张和造纸术的发明时间的最早、最明确记载,也是长时期以来被大多数人所接受的一种观点。但这种观点近些年来却受到了来自学术界巨大的挑战,一些人认为,造纸术起源于西汉,是西汉劳动人民在长期的劳动和生活实践中发明的。他们主要的依据是自20世纪30年代以来,我国的考古工作者先后发掘出了几批西汉纸。至于他们为什么认定这些纸就是西汉纸,这当然是考古学上很专业的文物鉴定,一般人是难以进行反驳的。因此,他们认为公元前2世纪西汉初即已有了纸张（《中国考古学·秦汉卷》），这样蔡伦（况且他的出身也不好，还是封建统治者的一员）就被请下了"纸神"的神坛，他不是纸的发明者，而是改良者。于是，先前在中国中学历史课本里所记载的公认的"东汉蔡伦发明的造纸术"就再也难觅踪影了。对于这场关于造纸术起源的争论，从目前我们所掌握的信息来看，这一问题并没有得到圆满解决，尽管西汉有纸、蔡伦是纸张的改良者是中国的每一个中小学生都知道的最基本的历史常识，不过，平心而论，这一观点并没能占多大的优势，而且，作为只是略微想知道一下蔡伦是纸张的改良者的中小学生，大概也不会想全面地去了解这场大争论的来龙去脉。就这样让全国的中小学生们毫无保留地全盘接收西汉有纸的观点是否妥当，我想应该值得大家深思。

  我们说，纸张的发明开创了令人满意的图文载体的新纪元。"妙迹蔡侯施，芳名左伯驰"（唐·李峤《纸》），在蔡伦之后，山东的书法家兼造纸家左子邑，又造出了一批"妍妍辉光"（即纸质纤维交结匀细、外观洁白、表面平滑）的左伯纸。面对着这一张张美不胜收的佳纸，生活在3世纪的西晋文学家傅咸曾情不自禁地大声讴歌道："既作契以代绳兮，又造纸以当策。……夫其为物，厥美可珍。廉方有则，体洁性真。含章蕴藻，实好斯文。取彼之弊，以为己新。揽之则舒，舍之则卷。可屈可伸，能幽能显……"（《纸赋》）《晋书·左思传》里也为后人留下了传之千古的实用成语："于是豪贵之家竞相传写（《三都赋》），洛阳为之纸贵。"（洛阳纸贵）众所周知，纸张又是印刷术发明的最重要的物质前提，这两大发明的密切配合，如虎添翼，相得益彰，使得人类的先进思想、历史和文化可以轻松地穿越浩瀚的时空隧道，而一代一代地远远播及后世的千千万万年，造福于人类的千千万万后代子孙。正如日本广岛大学教授山下寅次所称颂的那样："中国发明的纸和印刷，比世界任何各国为早，实足为东洋人争光。呜呼！蔡伦、毕昇之功，亦伟矣哉！"

  "造纸术始于汉而盛于唐，宋承明继而衰于清。"自公元105年蔡伦发明造纸术，至404年东晋桓玄下令停止用简，以纸代简历经约300年之久。从此，纸张的发展步入了快车道。魏晋南北朝时期，纸工们相继开发了藤树皮、桑树皮等多种造纸原料，此时纸张的加工技术如染潢、施胶等更加成熟。隋唐五代时期，造纸的工艺日趋完善，那些美美的纸张自然是琳琅满目，楮皮纸、硬黄纸、花帘纸、云蓝纸、澄心堂纸、薛涛笺等名纸，如百花园里盛开的繁花竞相开放。宋元时期的书画艺术和文学艺术的蓬勃发展，离不开宋元时期那些精美绝伦名优纸张的烘托和成就，而以纸为媒介的放风筝、玩纸牌、剪窗花等这些现代人比较喜爱和熟悉的民俗活动，正是在那个时期兴盛起来的。明代与清代的前期，造纸业各方面的发展（如原料、技术及加工等）都集历史之大成，纸的产量、质量、产地及用途也超过了以往的任何一个时期。无奈是"夕阳无限好，只是近黄昏"，到了清代后期，伴随着我国封建统治的逐渐衰弱，传统造纸业也步入低谷，尤其是此时西方造纸业的崛起、更加便宜和适用的机制纸打入中国市场后，这个令人扼腕的状况愈来愈严重！难道说具有悠久的历史传统、曾享誉国际的中国名纸自此就完成了自己的历史使命了吗？当然不应该是这样。

纸张是文明和进步的象征，意味着忠实地记录历史和传承文化，但造纸术在向外传播的进程中，却不全都是像文成公主、金城公主入藏那样，头顶上有叼着橄榄枝的鸽子盘绕，由担负着传播和平与友好的汉族使者所传授，藏族人民唱着欢快吉祥的藏歌，热烈欢迎由汉族公主带来的数以千计的能工巧匠，为西藏的工艺发展打开良性发展的大门；而战争是野蛮的表现，代表着破坏与毁灭，在造纸术在向外传播的进程中，不乏伴随着这种血与火的对外战争扩张，如黑衣大食国对唐的战争（751年）、南诏国对唐的战争（829年）等，都有被俘的汉族造纸工匠带去纸张和造纸术，为培养当地的造纸工匠做出了贡献。

"有一个美丽的传说/青檀的树皮可造宣纸/它能给书法家以精神，也能给绘画家以睿智/只要你懂得它的珍贵/哪怕山高路远也能获得。"本书名曰"造纸术的历史"，实则只是想从近两千年来波澜壮阔的中国传统造纸史的江河中掬起几朵美丽的浪花，以赠给那些对造纸术感兴趣的小读者们。有美一人，在水之滨，与其听我告诉你她长得怎么样，还不如自己走进来瞧一瞧！好吗？

目　录

序　　　　　　　　　　　　　　　　　　　　001
前　言　　　　　　　　　　　　　　　　　　001

壹　纸的诞生在西汉吗？　　　　　　　　　003
抽丝成线后茧絮纸　　　　　　　　　　　　004
推土机推出灞桥纸　　　　　　　　　　　　008
二重证据与麻絮纸　　　　　　　　　　　　013
西汉有纸还是无纸　　　　　　　　　　　　016
由树皮布到树皮纸　　　　　　　　　　　　023

贰　东汉出了张"蔡侯纸"　　　　　　　　029
蔡侯纸出世的因缘　　　　　　　　　　　　030
孔丹造纸与左伯纸　　　　　　　　　　　　040
考古发掘的东汉纸　　　　　　　　　　　　043
张天师造纸故名"张"　　　　　　　　　　048

叁　开启用纸的新时代　　　　　　　　　　053
悬念丛生的蜜香纸　　　　　　　　　　　　054
纵横斜侧话侧理纸　　　　　　　　　　　　057
剡溪藤纸的喜与悲　　　　　　　　　　　　061
桑皮佳纸遗世独立　　　　　　　　　　　　063
入潢染纸多彩五色　　　　　　　　　　　　067
巧施胶质纸面光滑　　　　　　　　　　　　071

肆　贞观开元造纸兴盛　　　　　　　　　　075
会稽楮公荣登"国纸"　　　　　　　　　　076
名帖双钩响拓硬黄　　　　　　　　　　　　080
才女薛涛独创纸笺　　　　　　　　　　　　084
水摇浪转说花帘纸　　　　　　　　　　　　088
才子九江造云蓝纸　　　　　　　　　　　　092
益州麻纸春冰密茧　　　　　　　　　　　　096
澄心堂纸堪比金贵　　　　　　　　　　　　099
生活不可缺的草纸　　　　　　　　　　　　103

伍 宋元造纸繁荣辉煌　　　　　　　　　107
- 北宋竹纸春膏可鉴　　108
- 大纸绘画传世国宝　　113
- 千年古刹金粟山纸　　118
- 才貌双全的玉版纸　　121
- 五光十色之谢公笺　　125
- 古老记忆南鹞北鸢　　128

陆 明清造纸鼎盛大成　　　　　　　　　133
- 泾县宣纸坚洁如玉　　134
- 宣宗皇帝和宣德纸　　140
- 碧丽辉煌的金花纸　　144
- 废纸不废循环使用　　149
- 晶帘之欲卷罗纹纸　　153

柒 少数民族造纸技艺　　　　　　　　　157
- 雪域奇葩狼毒藏纸　　158
- 天山脚下维族皮纸　　162
- 契丹族的丹藏用纸　　166
- 西夏党项族的造纸　　170
- 女真造纸比肩南宋　　174
- 南诏国的彝族造纸　　177
- 大理国的白族造纸　　181

捌 造纸技术远播海外　　　　　　　　　185
- 山水相连技传朝鲜　　186
- 一衣带水东传日本　　192
- 唇齿相依技达越南　　198
- 艺通南亚技传印度　　201
- 战火中传技阿拉伯　　205
- 曲折历程终传欧洲　　209
- 美洲树皮让位方絮　　214

致　谢　　　　　　　　　　　　　　　　218

纸的诞生在西汉吗?

"楚国伟大的爱国诗人屈原曾这样问天:遂古之初,谁传道之?上下未形,何由考之?""作契以代绳","造纸以当策"(西晋·傅咸《纸赋》),纸自从被发明以后,便以其巨大的优越性而令世人惊叹不已遂以赋极力赞美之。

纸是中国人最先发明创造出来的,如今这已是地球村里的人公认的无可置疑的铁案!这当然是值得所有中国人骄傲和自豪的发明,但世界上的第一张纸真的是由那个聪明睿智的东汉宦官蔡伦发明的吗?

作契(qì):上古时代人们的一种主要记事方法——契刻记事。契刻,就是在木头、竹片、石块、泥板等物体上刻画各种符号和标志,用以表示一定的意义。古文字的"契"字,右边是一把刀,左边的一竖三横表示是用刀在一块小木条上刻下的三个记号。

代绳:即指结绳记事,为上古时代人们的另一种主要记事方法,就是在一条绳子上打结,用以记事。据说上古时期的中国及秘鲁印第安人皆有此习惯,及到了近代,一些没有文字的民族,仍然采用结绳记事来记载信息。

造纸以当策:中国古代用竹片或木片记事著书,成编的叫作策。《左传·序》疏曰:"单执一札谓之为简,连编诸简乃名为策。"造纸以当策,即指西晋用纸代替简策这件事。

傅咸(239~294年),字长虞,北地泥阳(今陕西省铜川市耀州区东南)人,西晋文学家。曹魏扶风太守傅干之孙,司隶校尉傅玄之子。曾任太子洗马、尚书右丞、御史中丞等职,封清泉侯。他为官峻整,疾恶如仇,直言敢谏,曾上疏主张裁并官府,唯农是务,并力主俭朴,说"奢侈之费,甚于天灾"。

抽丝成线后茧絮纸

> 茧絮纸是中国古代原始缫丝中抽丝成线后所剩下的漂絮，它已为段注《说文》和一直流传到20世纪50年代初期的缫丝生活所证实，也在现代的考古出土资料中有所发现。

赵飞燕的画像

包裹毒药的"赫蹏"

先来看一个小故事：话说西汉末年，美女赵飞燕、赵合德被招入宫，得到汉成帝的宠幸，姐姐被封为皇后，妹妹当了昭仪。可姐妹俩有个心病，那就是都不能为皇帝生儿育女。然而有一天，宫中有个叫曹伟能的女官却为皇帝生了一个男孩。但歹毒的赵合德根本就不能容忍其他人与她姐妹俩争宠，当知道后，就派人将那个孩子丢弃，并且把曹伟能监禁起来，叫人送给她一个绿色的小匣子，里面是用赫蹏（tí）包裹着的两颗毒药，在赫蹏上还写了这样几个大字："告伟能，努力饮此药……"曹伟能因此被逼服毒而死。

这个故事究竟是真是假，现在似乎也颇难以辨别,因为后宫争宠乃至你死我活的情况在古代历史上是屡见不鲜的,后人当然也就不免将自己的想象加入到正史之中。这里咱们姑且不论此事的有无,只是想知道那"赫蹏"究竟是什么呢?

"赫蹏"就是茧絮纸

唐代的颜师古注《汉书》时曾引东汉著名学者应邵的解释说,"(赫蹏)是一种用丝绵做成的薄纸(薄小纸也)",还说,"赫字或作擊('击'的繁体字)"。"赫蹏"或即是"擊蹏"。而我们查东汉学者许慎写的中国第一部字典——《说文解字》里正巧有并列的"繄('系'的繁体字)蹏",其中对"繄"的解释为"恶絮",而对"蹏"的解释为"维也",也就是犹如我们今天所说的"维系"。我们把这两个字合起来,意思就是:把不能抽丝成线的恶絮相维在一起。要理解这一点,就要涉及中国古代缲丝法。

《飞燕外传》:皇后为皇帝进献了赵合德,皇帝大为高兴,与美人缠绵悱恻,自称为"温柔乡",并自叹年事已高,不能像武帝那样求白云乡之境地了。合德皮肤滑润,洗浴后身上不湿,她的头发叫作"新兴髻",眉毛叫作"远山黛",略施淡妆称为"慵懒妆"。常和飞燕并坐,有一次飞燕不慎把口水吐到合德的袖子上,合德说:"姐姐吐到袖子上,好像石上的花一般好看,如果特意要这个样子还未必能做到呢!"因此叫作"石华广袖"。

有个人所共知、千古流传的典故——"环肥燕瘦",其中的"燕瘦"指的就是赵飞燕。赵飞燕和她的孪生妹妹赵合德出生在江南水乡。赵飞燕窈窕秀美,凭栏临风,有翩然欲飞之概,邻里便送她一个美称"飞燕"。久而久之,人们渐渐忘记了她的本名,而把她叫作赵飞燕。妹妹赵合德更是一个大美人,但与姐姐赵飞燕风姿迥异,生得体态丰腴,玉肌滑肤,美艳妩媚,被封为昭仪。

昭仪,皇帝妃嫔封号之一,汉元帝时始置,代替了汉初的夫人。汉代制度,"昭仪位视丞相,爵比王侯"。昭仪,言昭显女仪,以示隆重,原为妃嫔中的第一级,在宫中地位仅次于皇后。

赫蹏

中国古代缫丝法

从上古时代一直流传到20世纪50年代初期的中国古代缫丝法,它的第一个工序就是把蚕茧放在开水中煮泡,使蚕茧松散,然后手工抽丝成线。然而茧壳外围的微毛即"絮"无法抽丝成线而漂在水面,因此说它是"敝(坏)"的(《说文》释"絮"为"敝绵也")。这些微毛和煮茧散发的蚕胶(俗称蚕油)漂在水面而自然相互连接成一个薄层物。再把草帘放在漂有茧絮的水中平稳提起,待草帘上的水漏完了,再进一步晒干(或晾干)后,揭下残留在草帘上的一张张薄薄的丝绵片,这就是"纸",也就是茧絮纸(赫蹏)。

正因为最早的纸是用蚕丝做成的,所以《说文》里解释"纸"字的意思,就用了"丝"做偏旁。清代大学者段玉裁在《说文解字注》里解释说,纸是一竹帘(不能抽丝成线的)絮(形成的),在这些絮下面放一个像竹床一样的帘子,这些茧絮就在水面相互连接起来。造纸就是仿照飘絮,当初是用茧絮创造它,用竹帘提取而形成了

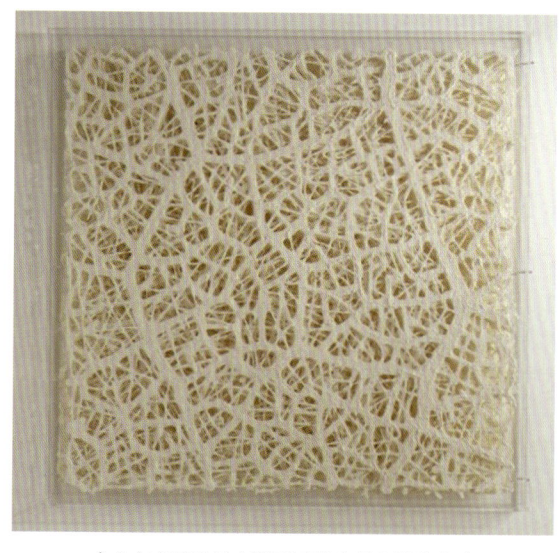

今人在有矮边的方形平面的木板上做的实验

纸。

近代的蚕丝业者也曾做过这样一项实验：他们将几条快要吐丝的蚕放在一个有矮边的方形平面的木板上，让蚕吐丝而不能成茧，结果成为一张平整光滑的丝纸，可以写字绘画，也可以当工艺品用。

现代土法缫丝

应该指出的是，缫丝成线后所剩下的絮是微量的，一般是把它和坏茧一起制作成上层人穿的棉衣的内夹物。正因为这种茧絮纸很少且又很珍贵，所以它才能成为赵飞燕姐妹俩等宫妃们的御用品。也由此决定了它是不可能成为书写材料而被广泛推广应用的，只是偶然充当了一次传达后宫斗争的书写材料罢了。曹伟能死的时候是公元前12年，毫无疑问，"赫蹏"的发明年代应该在此以前了（陕西学者杨巨中把这种纸定在春秋战国时期）。用这种茧絮纸写字，既光滑又轻便，一定很受大家的欢迎。

"击絮"，造纸之先声

茧絮纸虽然不能大量生产，但它的制作方法却给后人以很大的启发。它奠定了飘絮成纸的基本模式，东汉的蔡伦正是从长期的生产实践中逐步摸索到造纸的诀窍，才发明了利于千秋万世的造纸术，为以后的手工造纸业发展开辟了一条光明的道路。正是在这个意思上，段玉裁在《说文解字注》里才感叹，"'纸'字、'箝（qián，用竹帘在水面提絮）'字载于《说文》，则纸之由来远矣"，"'漂'，浮也。击絮，乃造纸之先声"。

> 将若干根丝同时抽出并利用丝胶将其黏着在一起的过程，称为缫丝。缫取的丝称为生丝，一根生丝一般由七八粒茧合成。缫丝技术在新石器时代就已出现。缫丝时，煮茧温度非常重要。汤温过高，容易使茧子煮得过熟，丝胶溶解过多，不利于集丝时的抱合，并易使丝色变褐；温度太低，舒解太慢，则影响缫丝的产量。秦观《蚕书》云，"常令煮茧之鼎，汤如蟹眼"，即控制温度在80℃左右为好。

推土机推出灞桥纸

1957年5月8日，在陕西西安东郊附近的灞桥工地上，出土了一叠已残破的纸状物。有的考古人员对该工地同时出土的古代器物做了研究后，认为这叠实物是不晚于西汉武帝时代的古纸，遂因地命名为"灞桥纸"。

大诗人李白曾叹道："年年柳色，灞陵伤别。"据《唐诗纪事》记载："雍陶有一次送别故旧，行至灞桥，问随从曰：'此桥为何称情尽桥？'随从道：'因送别到此为止点，故称之情尽桥。'雍陶有感惜别之情：'从来只有情难尽，何事名为情尽桥。自此改名为折柳，任它离恨一条条。'"这就是脍炙人口的《折柳桥》。

古灞桥与灞桥纸

灞桥是位于西安城东12千米处的一座颇有影响的古桥，春秋时期，秦穆公称霸西戎，改滋水为灞水，并修了桥，故称"灞桥"，这是我国最古老的石墩桥。隋代时在原灞桥以南修建了新桥，称为"南桥"，并在桥的两边广植杨柳。唐代在灞桥上设立了驿站，长安人凡送别亲朋好友东去，一般都要送到灞桥后才分手，并折下桥头柳枝相赠（古人折柳赠别是大有深意的，因为"柳"和"留"谐音，既表达依依不舍的情感，也寓意人去他乡，宛如柳木随遇而安、发展壮大）。

宋代以后，灞陵旧道和秦汉故桥都荒废了，西安不再是都城，灞桥上离别的诗情画意也就成为后世文人心中一段挥之不去的历史。元代时，山东人刘斌曾在现在灞桥的位置重建了石桥。直到清代，陕西巡抚毕沅、杨公恢先后两度重建灞桥。可惜的是这座桥在1957年被拆除，我们今天所见到的灞桥只不过是那时修建的钢筋混凝土桥。

几乎与1957年拆桥同时，在灞桥附近的一座汉墓里有一个惊人的发现，就是"灞桥纸"。当工人们在西安东郊灞桥砖瓦厂取土时，发现了一座不晚于西汉武帝时代的土室墓葬，墓中一枚青铜镜的下面垫衬着麻类纤维纸的残片。考古工作者细心地把黏附在铜镜上的纸剥下来，大大小小共80多片，其中最大的一片长、宽各约10厘米。有的专家经过化验分析，认为纸的原料是大麻和苎麻纤维，但也有专家认为它不是纸而是一堆麻絮的堆积物。目前，学术界对它仍有两种针锋相对的意见。

正方：灞桥纸是西汉纸

这是以中国科学院自然科学史研究所研究员潘吉星为代表的观点，潘吉星在1979年3月出版的《中国造纸技术史稿》中重述了他在1973年的观点："西汉灞桥纸是现存世界上最早的植物纤维纸，造纸术是我国西汉劳动人民发明的。"1989年，他在发表于《自然科学史研究》第4期的文章《灞桥纸不是西汉植物纤维纸吗？》里再次表态说："对灞桥纸，我们在1964年做了检验表明它是麻纸。"自此，灞桥纸被承认为蔡伦前已发明了纸的证据。但1979年后，有人对灞桥纸的断代提出怀疑，并认为它不是纸，而是"一团废麻絮"。为此，潘吉星在陕西对灞桥纸断代重新核实，并对纸样重做检验，认为此古纸虽非科学发掘，而属基建出土，但它的断代是可以信赖的。近些年来，中国与日本的有关专家十次检验的结果，都证明灞桥纸是麻纸。

反方：灞桥纸是"废麻絮"

这可以以轻工业部制浆造纸科学研究所的王菊华研究员为代表，她在其主编的《中国古代造纸工程技术史》（山西教育出版社，2006年2月）一书里说，1979年，轻工业部造纸研究所的研究员分别用显微镜观察了中国革命历史博物馆和陕西省博物馆所收藏的"灞桥纸状物"，并取了少量样品进行了实验室的研究后，认为这些所谓的"灞桥纸状物没有经过符合造纸要求的纤维切断、舂捣、抄纸等任何造纸工艺，因

说到灞桥，不可不提及明代著名画家吴伟的画作《灞桥风雪图》（现藏于故宫博物院）和明代著名的戏曲剧作家汤显祖的传奇《紫钗记》。《灞桥风雪图》上的灞水迤逦着从远山层峦里流出，风雪弥漫，寒气迫人，一老者骑着毛驴正从灞桥上经过，低首沉思。（据《韵府群玉》中记载："孟浩然尝于灞水，冒雪骑驴寻梅花，曰：'吾诗思在风雪中驴子背上。'"此画盖取其意。）《紫钗记》传奇中的故事是讲霍小玉在灞桥上送文士李益，两人情意缠绵，难分难舍，最后折柳赠别，泪湿栏杆。吴伟的画意雅致而满蕴文气，汤显祖的传奇迷离而追魂摄魄。

现陈列在陕西历史博物馆的灞桥纸原件

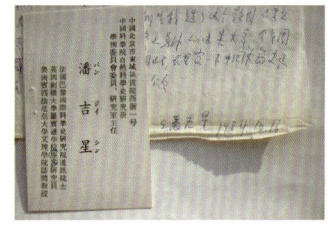

著名的科技史专家潘吉星的信札书影及名片

潘吉星著《中国造纸史》封面图片
（上海人民出版社，2009年11月）

王菊华主编《中国造纸原料纤维特性及显微图谱》封面图片（中国轻工业出版社，1999年6月）

而不能以纸定论，很可能是沤过的纺织品的下脚料，如乱麻、线头等纤维的堆积物，在铜镜下作衬垫用，在潮湿的地下年深月久，由于铜镜自身和地层的压力而形成片状。经过多年的讨论和反复研究，她认为"灞桥纸状物不是纸……而是废旧麻絮在铜镜下的衬垫物。同时也还有考古断代是否可靠的问题"。

上述结论基本上重复了以中国造纸学会纸史委员会调查组名义发表在1996年第15辑《纸史研究》上的《关于"灞桥纸"的调查报告》（以下简称《调查报告》）中的观点。该调查报告从"'灞桥西汉古墓'是推测（出来）的""'灞桥纸'是人为加工出来的""科学鉴定：'灞桥纸'不是纸，是废麻絮""'灞桥纸'在国内外造成的混乱和影响"等几个方面全面地分析了"灞桥纸"的来龙去脉，并做出结论：所谓的灞桥"西汉纸"只是在塌方和推土机推过的泥土中发现的一团纤维状物，又经过人工将其加工出来；"灞桥纸"根本不是植物纤维纸，而是一些废麻絮。

博物馆和当事人的回应

事实上，《调查报告》完成于1987年6月，并在同年9月纪念蔡伦发明纸1882年的大会上向外界公布。

陕西省博物馆武伯伦馆长看到了《调查报告》后，经研究，代表陕西省博物馆发表了两条意见：

一、对轻工业部纸史委员会新公布的"作伪"的决定，我馆不予承认。我们从未听到过关于"作伪"的反映，也无"作伪"的依据，我们从未怀疑过我馆的研究成果。

二、在无充分依据的情况下，我馆不改变对灞

陕西历史博物馆

桥纸的断代和收藏等级,仍断为西汉,仍按一级品收藏。在陈列中也按西汉纸陈列不变。

落款是陕西省博物馆,1987年12月24日,加盖公章。

如今发现"灞桥纸"的当事人程学华已故去多年,但他在1988年10月15日专门撰写了一份长达17页的《西汉灞桥纸的补述论证与有关问题的说明》(以下简称《说明》)(参见《科技史文集》第15辑,第17~19页)。在《说明》中,程学华详细阐释了灞桥纸的发现经过、墓葬位置、断代依据以及旁证依据等。在对这些专业问题进行陈述之后,程学华又用了一半的篇幅"揭穿轻工业部和中国造纸学会所谓对灞桥纸深入调查的真相"。

程学华记录了轻工业部造纸局和中国造纸学会前后三次和他的接触过程。

第一次是1979年秋。当时从北京来了两位女同志,一位是王菊华(造纸局的化验员),另一位是李玉华(党务工作者)。负责接待的程学华向两位北京客人介绍了灞桥纸发掘的详细情况。

第二次是1983年5月24日。这次前来调查的是轻工业部造纸局的一位王处长和农业制片厂的一位编辑。"王处长对我是上级对下级的口气,他要我改变一下自己的原有说法,我就可以上科教电影片的镜头,我

> 位于西安大雁塔西北侧的陕西历史博物馆,是中国第一座大型现代化国家级博物馆,这座馆舍为"中央殿堂、四隅崇楼"的唐风建筑群,主次井然有序,高低错落有致,气势雄浑庄重,融民族传统、地方特色和时代精神于一体。馆藏文物多达370 000余件,上起远古人类初始阶段使用的简单石器,下至1840年前社会生活中的各类器物,时间跨度长达一百多万年。文物不仅数量多、种类全,而且品位高、价值广,其中的商周青铜器精美绝伦,历代陶俑千姿百态,汉唐金银器独步全国,唐墓壁画举世无双,可谓琳琅满目、精品荟萃。

中国是世界上第一个发明造纸术的国家，这个说法已经明显动摇了。

这个问题纯粹是我们自己搞坏了。原本，我们说蔡伦是世界上第一个造出纸张的人，我们所谓的"纸"，就是指用蔡伦的这套方法造出的"纸"。后来，有人在陕西灞桥墓发现了"纸"——其实就是扁平的絮状物，上面也没有文字，学界对此产生两种意见，一派坚决认为这是"纸"，一派则坚持蔡伦所造的才是"纸"。前者或许是想因此而提前中国发明纸张的时间，但是这里的问题是，主张"灞桥纸"是"纸"，实际上就改变了"纸"的定义。

一旦修改定义，这个事情就坏了。它提示人们，可以通过修改定义来"争第一"。如果灞桥墓发现的这个东西可以称为"纸"，那么，埃及人早在公元前3000年就发明了纸——埃及人的莎草纸，就符合一些学者修改后的定义。现在很多博物馆也都藏有埃及人的莎草纸作品，其上有大量的文字，还有绘画作品，如果我们承认存在"灞桥纸"，那么，为什么埃及人的"莎草纸"不能称为"纸"？如果可以，埃及发明纸张的时间就比中国早得多。

这个事情已经说不回去了，所以，中国最先发明了造纸术，这个说法已经动摇了。

——上海交通大学科学史系江晓原教授

实在反感。"程学华在报告中写道。

第三次是1987年四五月间，纸史委员会委员段纪纲受轻工业部造纸局和中国造纸学会的派遣，两次赴陕西调查。4月21日，段纪纲向程学华提出，请改变观点。5月23日，段纪纲再次找到程学华，拿出一份已经拟好的谈话笔录，要求程学华签字。"对此，我据理驳斥他们这种无原则的做法。"程学华在报告中说。

2011年9月，中国国际广播电台主办的国际在线（CRI Online）网站的记者在录制"CHINA·纸之源"系列视频时，曾采访了陕西历史博物馆陈列部负责人杨瑾，她对记者说："（尽管）灞桥纸自从出土以来，有很多争议，但是现在学术界主流观点认为，灞桥纸是中国乃至世界上最早的纸，至于蔡伦只是改进、推广了造纸的技术。""灞桥纸出土的墓葬，是有明确的年代记载的。另外，根据我们当时的技术水平来说，西汉时期，中国经济、文化繁荣发展，有一种对于大规模的书写需求，用一种更轻便的，更能规模化、专业化生产的纸。"

不过，作为国家级的中国历史博物馆为慎重起见，经研究决定早已撤下了"灞桥纸"的展品陈列。

究竟谁是谁非？看来只有交给时间去判决了。

陕西古代文明

二 重证据与麻絮纸

来自考古界的报道

罗布淖尔纸：1933年考古学家黄文弼在新疆罗布淖尔（即罗布泊）汉代烽燧遗址发掘到一片纸状物，其原料为麻质、白色，为方块薄片，约10厘米×4厘米。质甚粗糙，不匀净，纸面尚存麻筋，属初造纸，故很不精细。因与同时出土的汉宣帝黄龙元年（公元前49年）之木简相佐证，故推测其时代当在公元前49年左右，惜原纸已于20世纪30年代毁于兵火，现仅存原物照片。（参见潘吉星《世界上最早的植物纤维纸》，《文物》1964年第11期）

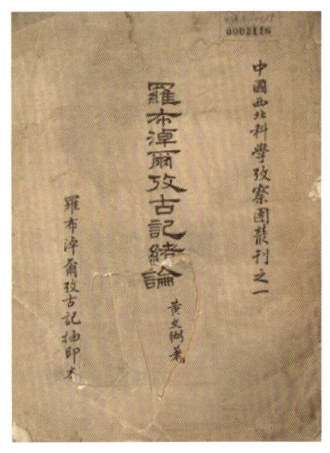

《罗布淖尔考古记绪论》书影

金关纸：1973年甘肃省居延考古队在额济纳河流域汉代居延地区的肩水金关驻军遗址发掘时，获得纪年木简、绢片及古纸等物。古纸共两片：一片呈白色，质地匀细，9厘米×21厘米，年代为汉宣帝甘露二年（公元前52年）；另一片呈暗黄色，质地较松，

肩水金关西汉纸细部

> 二重证据法是近代国学大师王国维先生在20世纪初提出来的且影响深远的治史观念和方法，所谓"二重证据法"就是将考古资料和历史文献资料二者互相释证，以达到考证古史的目的。我们用这个观点来审视那些公开报道的"西汉纸"，有的可能就是麻絮纸。

黄文弼

黄文弼（1893~1966年），中国现代考古学家、西北史地学家。1918年毕业于北京大学哲学系，1919年到北京大学研究所国学门任教，并于1927~1930年参加中瑞西北科学考察团的内蒙古、新疆的考察活动。他曾在吐鲁番附近考察高昌古城遗址和交河古城遗址，在罗布淖尔北岸发现石器时代遗址，发掘汉代烽燧遗址等。他在考古学上的主要贡献是：根据实地考察所得，论证了楼兰、龟兹、于阗、焉耆等古国及许多古城的地理位置和历史演变，判明了麹氏高昌的纪年顺序和茔域分布，提出了古代塔里木盆地南北两河的变迁问题，更为探讨新疆地区不同时期的历史文化积累了相当丰富的资料。黄文弼著有《高昌陶集》（1934）、《罗布淖尔考古记》（1948）、《吐鲁番考古记》（1954、1958）、《新疆考古发掘报告》（1983）等。

9厘米×11.5厘米，年代为汉哀帝建平元年（公元前6年）。纸的年代是按同一探方（考古学上将发掘区划分为若干相等的正方格，依方格为单位，分工发掘，这些正方格叫"探方"）内所出纪年木简而定的，经化验均为麻纸。（参见甘肃居延考古队《居延汉代遗址的发掘和新出土的简册文物》，《文物》1978年第1期）

中颜纸：1978年10月，陕西扶风县中颜村汉代建筑遗址中清理出窖藏陶罐，内有半两钱、五铢钱、铜器等30多件。其中漆器装饰件铜泡（铜钉）空隙中间填塞了纸，纸上有铜锈绿斑，纸面呈白色，质地细，约为6.8厘米×7.2厘米。经专家鉴定，这批纸为汉宣帝（公元前73~前49年）前后的遗物，经化验也是麻纸，与罗布淖尔纸同时，但制作更为精细。（参见罗西章《陕西扶风中颜村发现西汉窖藏铜器和古纸》，《文物》1979年第9期）

相关的历史文献

从史料我们可以看出，作为直接的书写材料，西汉还处于简牍帛书的时期。《汉书·楚元王传》里说，西汉成帝曾下令刘歆整理旧文，"经或脱简，传或间编"。颜师古注："脱简，遗失之；间编，谓旧编烂绝。"意思是说，编绳烂了、断了，使得竹简文字缺失。《汉书·苏武传》里也说，西汉名臣苏武身处北海困境时，曾用帛书传送书信。甚至到东汉时，作为书写材料，还沿用着简牍帛书。

所以，即便是认可了上述的烽燧遗址、驻军遗址、建筑遗址断代没有问题，但如果我们用"二重证据法"统筹地来考量，应该说在汉代这些遗址中出土的是简牍帛书才对，至于那些形似麻纸的纸状物是什么呢？我们来看下面这个故事。《史记·淮阴侯列传》里说，韩信当初贫困时，曾在城下钓鱼，正巧碰到有几位老大娘在那里漂洗衣服（麻类），其中有一位老大娘看到韩信饿了，就拿出自己的饭给韩信吃，几十天都是这样，直到她们漂洗完毕。（原文是："信钓于城下，诸母漂，有一母见信饥，饭信，竟漂数十日。"）三国时人韦昭注说："以水击絮为漂，故曰漂母。"而对于"击絮"，《说文》的解释是在水面上使絮相连。因此，这里的"絮"明显是指陈旧麻织物入水后漂起的絮。

由此我们可以试想，把一个极其陈旧的麻织品（如古人衣着主要是麻质的"布"或"褐"，今人装东西的麻袋等）放进水里，由于长期磨损、脱落、陈旧腐烂，因而附着微毛等因素，自然可以漂起麻絮，也可以用竹帘在水里提取麻絮层而成纸。这样，我们就可以把上面所说的那些漂母看作是正在那里制作用于衬垫、包装等之类的粗纸。而为了和后来的麻纸相区别，我们可以称其为麻絮纸。

麻絮纸形成的意义

麻絮纸继承了（春秋战国时期）茧絮纸的的漂絮法，对后来蔡伦发明造纸术有一定的启发。第一，从原料上来讲，它从动物性的蚕茧纤维进步到植物性的麻料纤维，对以后蔡伦造纸术的用料有启示意义。第二，从发明捣浆法来讲，陈旧的麻织物入水后容易漂絮，这本身就说明各种植物皮类都是可以成絮的，剩下的问题是如何加速成絮。蔡伦纸的发明明显受到了这样的启发。第三，从降低成本来讲，蔡伦纸不用新麻用旧麻，除了旧麻便于"切断"和"捣浆"以外，当然也含有比新麻成本低的意义。

居延遗址：分布在今内蒙古自治区额济纳旗和甘肃省金塔县的境内，指的是包括汉代张掖郡居延、肩水两都尉所辖边塞上的烽燧和塞墙等遗址在内的遗址群。边塞遗址自东北斜向西南，全长约250千米，始建于汉武帝太初三年（公元前102年），废弃于东汉末年。这条防线是汉通西域的交通要道和河西走廊的屏障，也起到了切断匈奴与羌联系的作用，在汉对匈奴的战略上也有特殊的意义。

王国维（1877~1927年），字静安，晚号观堂（甲骨四堂之一）。王国维是中国近、现代相交时期一位享有国际声誉的著名学者，与梁启超、陈寅恪和赵元任合称清华国学研究院的"四大导师"，是中国新学术的开拓者，在文学、美学、史学、哲学、金石学、甲骨文、考古学等领域成就卓著。王国维精通英文、德文、日文，这使他在研究宋元戏曲史时独树一帜，成为用西方文学原理批评中国旧文学的第一人。代表作有《海宁王静安先生遗书》《红楼梦评论》《宋元戏曲考》《人间词话》等。

《中国考古学·秦汉卷》封面书影

> 正像莎士比亚在《哈姆雷特》中说的那样:"生存还是毁灭,这是一个值得考虑的问题。"(原文是:To be, or not to be: that is the question)西汉有纸还是无纸,这是一个值得考虑的问题。从目前我们所掌握的情况来看,这个问题并没有得到圆满解决。

西汉有纸还是无纸

考古学家如是说

由中国社会科学院考古研究所编著且具有权威地位的《中国考古学·秦汉卷》(刘庆柱、白云翔主编,中国社会科学出版社,2010年7月)里说:"20世纪以来的考古发现表明,早在蔡伦之前的西汉时期,中国已创造出了麻类植物纤维纸。随着西北丝绸之路沿线考古工作的不断进展,在陕西、甘肃、新疆等地许多西汉遗址和墓葬中发现西汉不同时期制造的古纸(见表1),从而引起了造纸起源问题的大讨论。如果这些西汉纸成立的话,将把中国造纸术起源提前约200年。根据我国出土古纸的检测结果和文献记载,汉初所造的纸均为麻纸。……自西汉到东汉造纸术的工艺水平得到提高,造纸原料来源日趋广泛。这些古纸不但都早于蔡伦纸,而且有些纸上还有墨迹字体,说明已用于文书的书写。从目前出土古纸的相对年代顺序,可以依次排列为:西汉早期的放马滩纸,西汉中期的罗布淖尔纸、灞桥纸、中颜纸、马圈湾纸、悬泉纸，西汉晚期的金关纸等。另外，还有广州西汉越王墓出土的古纸等。

"发掘者之所以认为部分纸是西汉纸，除了地层学和纸张本身及书体等理由外，其中一个关键的依据是同出遗物有明确纪年，即根据西汉纪年简牍来判断，如对罗布淖尔纸、居延纸、马圈湾纸、悬泉纸等时代上的界定，是完全遵循考古实践规律的成果。"

考古学家的这些看法得到了部分科技史学家和造纸专家的大力支持，如前面所述的潘吉星研究员、苏

由山东博物馆于2012年9月30日~11月25日举办的"考古中华——中国社会科学院考古研究所60年成果展"

中国社会科学院考古研究所是在北平研究院史学研究所和中央研究院历史语言研究所一部分的基础上发展起来的，1950年5月开始筹建，同年8月1日正式成立。当时属中国科学院领导，是中国科学院建院初期成立的第一批研究所之一。1977年中国社会科学院成立后，考古研究所成为中国社会科学院所属研究机构。在马列主义、毛泽东思想的指导下，考古研究所以田野考古为基础，应用包括自然科学技术手段在内的各种方法，并结合古代文献，揭示中国史前及各历史时期不同类型文化遗存的内涵、特征、性质及其相互关系，进而对古代的政治、经济、文化、社会进行全方位的考古学研究，探讨古代社会发展演变的进程和规律。同时，开展对古代文化遗产的保护研究。

表1　西汉纸考古发现简表

古纸名称	出土地点	出土时间	材质	数量与尺寸	年代	备注
罗布淖尔纸（1）	新疆罗布淖尔西汉烽燧遗址	1933年	麻纸（麻质，白色）	1片；4厘米×10厘米	西汉中期（公元前74~前49年）	19世纪30年代毁于战火，未分析化验
灞桥纸（2）	陕西西安市灞桥西汉墓	1957年	麻纸（大麻、苎麻）	88片；较大者约10厘米×10厘米	西汉中期（公元前140~前87年）	因具有原始性，可称为早期原始麻纸
金关纸（3）	甘肃居延金关遗址	1973~1974年	麻纸	2片；21厘米×9厘米，11.5厘米×9厘米	西汉晚期（公元前52~前6年）	一片白色，一片暗黄色
中颜纸（4）	陕西扶风县太白乡中颜村窖藏	1978年	麻纸	1片；报告中未注明尺寸	西汉中期（公元前74~前49年）	

续表

古纸名称	出土地点	出土时间	材质	数量与尺寸	年代	备注
马圈湾纸（5）	甘肃敦煌马圈湾遗址	1979年	麻纸	5件8片；最大者32厘米×20厘米	西汉中后期（公元前65~前5年）	
放马滩纸（6）	甘肃天水市麦积区放马滩西汉墓	1986年	麻纸	1片；长5.5厘米、宽2.6厘米	西汉早期（公元前180~前141年）	纸地图
悬泉纸（7）	甘肃敦煌悬泉置遗址	1990年	麻纸	460余片	西汉中期（公元前74~前49年）、东汉、西晋	纸文书数张

（1）黄文弼：《罗布淖尔考古记》，国立北平研究院史学研究所、中国西北科学考察团理事会印行，国立北京大学出版社承印，1948年。
（2）A.田野：《陕西省灞桥发现西汉的纸》，载《文物参考资料》1957年第7期。
　　B.潘吉星：《世界上最早的植物纤维纸》，载《文物》1964年第11期。
（3）甘肃居延考古队：《居延汉代遗址的发掘和新出土的简册文物》，载《文物》1978年第1期。
（4）潘吉星：《中国造纸技术史稿》，文物出版社，1979年。
（5）A.甘肃省文物工作队、甘肃省博物馆：《汉简研究文集》，甘肃人民出版社，1984年。
　　B.甘肃省文物考古研究所：《敦煌汉简》，中华书局，1991年。
（6）甘肃省文物考古研究所：《秦汉简牍论文集》，甘肃人民出版社，1989年。
（7）甘肃省文物考古研究所：《甘肃敦煌汉代悬泉置遗址发掘简报》，载《文物》2000年第5期。

《中国古代造纸工程技术史》封面书影

州造纸厂许鸣岐高工等都投了赞成票。但另外有一些历史学家、科技史学家和造纸专家却极不赞同这样的看法，提出了可以理解但非常尖锐的质疑。

西汉无纸者的质疑

由中国科学院倡导并组织编写的《中国古代工程技术史大系》之一的《中国古代造纸工程技术史》（王菊华，山西教育出版社，2006年2月）里也有这样一段话："20世纪以来，考古部门先后在某些西汉墓及西汉遗址，发现了一些植物纤维的纸状残片或类纸物，有的学者称其为'西汉纸'。但是经过研究，这些残片有的并不是纸，有的不是西汉时期的纸，有的只能视作纸的雏形或原始纸。造纸术的发明仍应如史书所载，始于公元105年。"

如著名的放马滩纸质地图被称为是世界最早的纸绘地图，于1986年在甘肃天水放马滩5号汉墓出土，置于棺内死者的胸部，现藏于甘肃省文物考古研究所。因墓内积水受潮，出土时呈黄色，现褪变为浅灰间黄

甘肃放马滩出土的纸质地图

东汉出了张"蔡侯纸"

"妙迹蔡侯施,芳名左伯驰。"唐代诗人李峤这句咏纸的五言诗,一下子就把东汉时造纸术的发明人和继承者串联了起来。造纸术的发明,开创了图文载体的新纪元,对人类文明与进步做出了重大的贡献。这项具有划时代意义的"益国利民,不朽之术"(北魏·贾思勰《齐民要术》),在史书上是有明确的年代记载并被历代民间百姓所传颂的。

蔡伦之后不久,山东的书法家兼造纸家左伯,继承了蔡伦的造纸传统,又造出"妍妙辉光"的左伯纸(参看本章"孔丹造纸与左伯纸"部分),一时传为佳话。20世纪初,外国"盗宝家"们窜到敦煌等地意外发现的东汉信纸,以及70年代发现的东汉晚期的文书用纸(即"旱滩坡纸"),都为我们一一揭开了蔡伦那个时代纸和造纸术的神秘面纱。

妙迹:不平凡的事迹。 蔡侯:即蔡伦,元初元年(114年),安帝封其为龙亭侯。 左伯:字子邑,东莱掖县(今莱州市,属山东省烟台市)人,所造的"左伯纸"与韦仲将制作的墨、张伯英制作的毛笔并称于世。 驰:传播,传扬。

蔡侯纸出世的因缘

千百年来最实用的是纸张，最伟大的发明就是造纸术了，两千年前蔡伦发明了历史上第一张蔡伦纸，之后就再也没有出现过其他可以代替纸的东西了，后人只是在他的发明基础上不断地修改完善，使得他发明的造纸术走向全国，走向世界。蔡伦的杰出贡献和丰功伟绩，为人类文明揭开了新的篇章。

湖南省耒阳市蔡伦纪念园里的蔡伦青铜塑像（李百祥 摄）

蔡伦青铜塑像高2.5米，基座高1.2米，总高3.7米。我们不妨仔细端详，你看他剑眉朗目，天庭饱满，伟岸魁梧，左手叠纸于膝，右袖垂落右膝之上，端坐如钟，落落而大方，自然而洒脱，凝眸远视，似在深思静虑。

伦在污泥而身不染

生活在东汉时的蔡伦是个太监，这是史书中明文记载的。一提起太监，人们必然会联想到过去那些在宫廷中上下来回奔跑的是男非男、阴阳怪气的人，顿时就会产生一种厌恶感。不过，历史上也有过为数不多刚正不阿、富有才华的太监。发明了造纸术的蔡伦就是一个浑浊中见光彩的了不起的太监。

蔡伦，字敬仲，桂阳（今湖南省耒阳市）人，约生于东汉明帝永平六年（63年），永平十八年（75

年）开始在京城洛阳皇宫里当差，汉章帝时升任小黄门。小黄门是皇帝的近侍，传达皇帝诏令，照顾后妃的日常起居，是个苦差事。汉和帝即位（89年）后，为褒奖蔡伦的辛苦多劳，将他提升为太监的最高职位——中常侍，蔡伦得以伴随在皇帝的身边，参与国家的机密大事。《后汉书》记载说，蔡伦有才学，在为人敦厚慎重方面竭尽心力，多次正言直谏皇帝，纠正皇帝的得失。他之所以这么做，一来是看透并厌恶了后宫里人们之间结党营私、争权夺利的政治斗争，洁身自好，谨小慎微，显示出一种出污泥而不染的高贵品德；二来或许认为自己只是个身残的太监，故有一种被人鄙视而自卑的灰暗心理。

为了避开这些，他便想找一个离开宫墙的兼职。汉和帝永元九年（97年），他申请并得到批准兼任少府尚方令，少府在东汉是管理皇室和宫廷内务的机构，尚方是少府下属的一个重要部门，负责制作皇家使用的器物。蔡伦的聪明才智在这里得到了充分的发

> 中常侍：西汉时皇帝近臣，给事左右，职掌顾问应对。西汉前期只有"常侍"之名，或称"常侍郎"，获此号者多为皇帝爱幸之臣，武帝时东方朔曾为常侍郎。"中常侍"之名出现于西汉晚期，但那也只是一个仅有虚衔的加官，如成帝时有中常侍班伯（东汉史学家班彪的大伯、班固的伯祖）等；东汉时中常侍已非加官，而成为有具体职掌的官职，且一改西汉的制度，多以宦官担任此职，如章帝、和帝时，郑众、蔡伦都是从小黄门迁为中常侍的。安帝时，和熹邓皇后临朝，中常侍都任用宦官，并授以重任。从此以后，居此位的宦官竟可权倾人主，人数也从开始时的4人增加到10人之多。这个官职对东汉末中央政权走向衰乱产生过较大影响。

蔡伦塑像后面是蔡伦铜塑的照壁，照壁上镶刻的文字引自南朝刘宋时历史学家范晔写的《后汉书·蔡伦传》，全文282字，记叙了蔡伦生平及其发明的造纸术，是迄今为止最具权威性的记叙蔡伦的史料。（李百祥 摄）

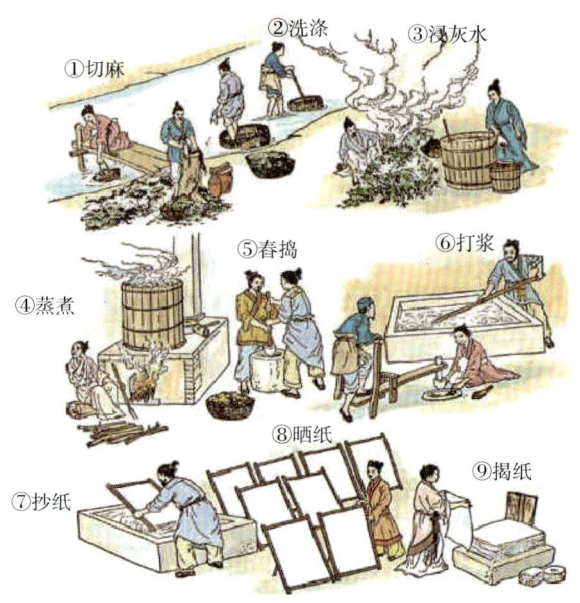

汉代造纸工艺流程图

挥。史书上称赞他说，蔡伦此时监制皇帝及朝廷使用的剑和各种器械，都很精巧结实，成为后人效法的典范（据《后汉书·蔡伦传》记载，蔡伦主管尚方期间，曾"监作秘剑及诸器械，莫不精工坚密，为后世法"）。竟至后来水到渠成地发明了纸——这种使后人受益无穷且功德无量的大好事，当然，这件事与邓皇后的大力支持和帮助有关。

造纸成功莫忘邓绥

东汉和帝的皇后邓绥（81~121年），新野（河南省南阳市新野县）人，她的祖父邓禹是东汉的开国元勋。出自显赫门第的邓绥，自幼便受到严格优良的教育。她6岁时已能诵读史书，12岁便通《诗经》《论语》，因勤勉读书，故有"诸生"（学习儒家经典的大学生）的美称。汉和帝永元七年（95年），15岁的邓绥被选入皇宫，第二年，被封为贵人。永元十四年

《后汉书·邓皇后纪》书影

由树皮布到树皮纸

"见血封喉"树

> 树皮布是一种无纺织布，是以植物的树皮为原料，经过拍打技术加工制成的布料（邓聪，香港中文大学中国文化研究所中国考古艺术研究中心主任、教授）。如果将它用来写字绘画，那当然就是树皮布纸了。

"见血封喉"树　闻者丢魂丧胆

金庸武侠小说里有一种十分厉害的暗器，名叫"见血封喉"，就是把一种树汁涂在暗器上，射中人体便能使人全身血液凝固而毙命。这不是耸人听闻的传说，在我国广东、广西、海南、云南等省，就分布

中国实力派歌手孙楠有首听之叫人落泪的歌曲，名叫《拯救》，其中有一句："当爱覆水难收……我拿什么拯救，情能见血封喉。"当我们说某人中了爱情的毒（见血封喉）且失恋时，就真的到了无药可医的地步了！

金庸武侠小说《雪山飞狐》中的第一主角、慷慨豪迈的胡一刀，疑似就是中了这种"见血封喉"的剧毒而丧生的。书中通过苗若兰的口吻回忆说，当年"爹爹跟胡（一刀）伯伯一连比了四天，两人越打是越投契，谁也不愿伤了对方"，后来"两人换了刀剑，交起手来。……当下使一招浮云起落，本来是先砍下手刀，再砍上手刀，但我爹爹故意变招，先砍上手刀，再砍下手刀"。

……………

"我爹爹惊异万分，心想他身子壮健，手臂上轻轻划破一道口子，如何能够致命？抱着他身子，连叫：'胡兄，胡兄。'但见他脸颊渐渐转成紫色，竟自中了剧毒之象，急忙撕开他的衣袖，但见一条手臂已肿得粗了一倍，伤口中汩汩流出黑血。……那时我爹爹也知是刀口上喂了剧毒的药物。"

书中又通过饮马川山寨寨主陶百岁的口揭示了这个谜底：

"各位请想，胡一刀是何等的功夫，若是中了寻常毒药，焉能立时毙命？……胡一刀中的是什么毒？那就是天龙门独一无二的秘制毒药了。武林人物闻名丧胆的追命毒龙锥，就全仗这毒药而得名。后来我又听说，田归农这盒药膏之中，还混上了'毒手药王'的药物，是以见血封喉，端的厉害无比。"

"见血封喉"

有这种已濒临灭绝的稀有树种——箭毒木树。

箭毒木树，树型高大挺拔，枝叶四季常青，树皮灰色。这种树体内含有白色的乳汁，汁液有剧毒，一经接触人畜的伤口，即可使中毒者心脏麻痹、血管封闭、血液凝固，以至于窒息死亡，所以人们又称它为"见血封喉"树，有"林中毒王"之称。

民间有一说法，称作"七上、八下、九倒地"，意思是说：如果谁中了"见血封喉"的毒，那么往高处只能走七步，往低处只能走八步，但无论如何，走到第九步都会倒地毙命。在古代，箭毒木的汁液常常被用于战争或狩猎。人们把这种毒汁掺上其他配料，用文火熬成浓稠的毒液，涂在箭头上，野兽一旦被射中，入肉出血，跳跳脚立即就倒地而死。

箭毒木树的汁液虽然有剧毒，但它也有克星，就是红背竹竿草，只有此草才可以解此毒。而红背竹竿草就生长在箭毒木树根部的四周，样子与普通小草无异，只有少数人才认得这种草。

尽管听起来十分可怕，但实际上箭毒木树也有很

制作树皮布的工具之一——石拍

可爱的一面：树皮特别厚，富含细长柔韧的纤维，海南、云南等地的少数民族过去因此常常用它来制作衣服。而这种衣服，穿在身上既轻柔又保暖，自然深受当地人的喜爱。

"绩木皮为布"　穿者遮羞御寒

原来古人在用麻和木棉纺织之前，曾经历过相当长时期的"无纺织"年代，后来黎族人民发现，箭毒木等树的树皮可以作为制造衣服的好原料，于是便用它来制作蔽体的衣物、垫单、腰带等。

树皮布又称纳布、楮皮布、谷皮布等，它的历史非常悠久。由晋人裴渊《东观汉记》一书可知，汉代已有用树皮布做冠的记载。宋代《太平寰宇记》、元代《文献通考》和清代《黎岐纪闻》等书中，均有海南岛黎族"绩木皮为布"的记载。由于树皮布本身容易腐烂，故难以作为历史证据久远留存，唯有制作树皮布的工具之一——石拍被遗留了下来。

树皮衣的制作有一套很繁琐的工序，包括扒树

宋·乐史的《太平寰宇记·琼州》里有这样的记载："有夷人无城郭殊异居，非译语难辨其言，不知礼法，须以威服，号曰'生黎'；巢居深洞，绩木皮为衣，以木棉为毯。"（生黎：旧时对黎族中山居者的称谓。《宋史·蛮夷传三·黎洞》："今（海南岛）儋崖、万安皆与黎为境，其服属州县者为熟黎，其居山洞无征徭者为生黎，时出与郡人互市。"清·袁枚《新齐谐·禁魇婆》："广东崖州居民半属黎人，有生、熟黎之分。生黎居五指山中，不服王化；熟黎尊官长，来见则膝行而入。"）

清·张庆长也有关于黎人制作树皮布的记载："'生黎'隆冬时取树皮，捶软，用以蔽体，夜间即以代被，其树名加布皮，黎产也。"

德国人类学家司徒博（H.Stabel）在20世纪30年代早期到海南岛黎族地区进行田野调查时就有过对海南树皮布的记录：古时候，海南岛的布……是用树皮经捣击后做成的，这件事特别有趣味。

皮、修整、将树皮放在水中浸泡脱胶、漂洗、晒干、拍打成片状和缝制。然后人们利用加工好的树皮布剪裁缝制成帽子、枕头、被子、上衣、裙子、兜卵布、口袋等生活用品。制作工序中以锤打工具最为重要，石拍是制作树皮布的器具之一，也是树皮布文化的标志。

树皮布是一项具有世界性影响的重大发明，穿用树皮布在人类学及文化史上有着不可替代的特殊地位，因为只有树皮布才可证明，人类衣物有一个从无纺布到有纺布的发展过程。用树皮布制作衣服，是黎族人民对人类社会的伟大贡献。

"皮布"到"皮纸" 仿之者顺其自然

树皮布除当衣着外，还可当纸用，称为"布纸"或"榖布纸"。三国·吴·陆玑《毛诗草木鸟兽虫鱼疏》里写道："榖，幽州人谓之谷桑，或曰楮桑，荆扬、交广谓之谷，中州人谓之楮殷，中宗时桑谷共生是也。今江南人绩其皮以为布，又捣以为纸，谓之谷皮纸，长数丈，洁白光辉，其里甚好。"此所谓榖布纸，即捶打楮树皮而成的树皮布纸。

台湾研究古纸的专家陈大川先生在撰写的《"蔡侯纸"探源》一文里叙述，1988年，他曾试制过树皮絮纸与树皮布纸。他先是将干楮皮浸泡数日，用木棒捶打；通过多次浸水（使楮皮润湿增加延展性）与捶打交替操作后，发现浸过树皮的水中，浮游有许多短纤维，使他突然领悟到这些浮游的纤维，正是可以箍荐成为纸张的原料——非丝质的植物絮。他又用原始的浇纸法，将水及纤维浇至竹编簸箕上，干后成纸，灰白色，有杂质，厚薄不均匀，感觉已有"纸"的样子，可以写字，缺点是太软弱。因为只是一些短纤维

陆玑所著的《毛诗草木鸟兽虫鱼疏》，是一部专门针对《诗经》中提到的动植物进行注解的著作，因此有人称它是"中国第一部有关动植物的专著"。全书共记载有草本植物80种、木本植物34种、鸟类23种、兽类9种、鱼类10种、虫类18种。对每种动物或植物，不仅记其名称（包括各地方的异名），而且描述其形状、生态和使用价值。

幽州：据《周礼·职方》载，"东北曰幽州"。其范围大致包括今河北北部及辽宁一带。
荆扬：荆州和扬州，亦泛指长江中下游地区。中州：黄河中下游河南的古称。

中宗：指东晋皇帝司马睿（276~323年）。桑谷共生：桑谷，二木名；古时迷信以桑谷生于朝为不祥。古代传说，殷帝太戊时，"亳有祥桑谷共生于朝，一暮大拱。帝太戊惧，问伊陟。伊陟曰：'臣闻妖不胜德，帝之政其有阙与？帝其修德。'太戊从之，而祥桑枯死而去"（参见《史记·殷本纪》）。当时国都亳出现了桑树和楮（chǔ）树合生在朝堂上的怪异现象，一夜之间就长得有一搂粗。太戊帝很害怕，就去向伊陟询问。伊陟对太戊帝说："我曾经听说，妖异不能战胜有德行的人，会不会是您的政治有什么失误啊？希望您进一步修养德行。"太戊听从了伊陟的规谏，那怪树就枯死而消失了。

身着树皮布的海南保亭县什岭镇界村黎族村民王文奇

交织叠合而成，没有"挺劲"，当然不能与当时已流行的写字材料比如竹简木策等的挺度相比，所以是不容易被人接受使用的。他将这种纸命名为"树皮絮纸"。

至于树皮布纸的制作，陈先生认为，它受树枝大小的限制，宽、薄不如缣帛，但比竹简薄而轻，也较宽些，外表上很接近"纸"，他曾用墨笔在上面写字，受墨而不分散，感觉比竹简木策好用。

陈先生进而推测，蔡伦的家乡桂阳（今湖南耒阳市）春秋时属于荆蛮之地，也是出产树皮布的地带。因此，说不定进宫前他在家乡曾见过树皮布及树皮布纸的制造过程。这种假设如果成立，那它对蔡伦能够创制新纸，确实影响极大。

摘自中华造纸艺术画谱

东汉出了张"蔡侯纸"

"妙迹蔡侯施,芳名左伯驰。"唐代诗人李峤这句咏纸的五言诗,一下子就把东汉时造纸术的发明人和继承者串联了起来。造纸术的发明,开创了图文载体的新纪元,对人类文明与进步做出了重大的贡献。这项具有划时代意义的"益国利民,不朽之术"(北魏·贾思勰《齐民要术》),在史书上是有明确的年代记载并被历代民间百姓所传颂的。

蔡伦之后不久,山东的书法家兼造纸家左伯,继承了蔡伦的造纸传统,又造出"妍妙辉光"的左伯纸(参看本章"孔丹造纸与左伯纸"部分),一时传为佳话。20世纪初,外国"盗宝家"们窜到敦煌等地意外发现的东汉信纸,以及70年代发现的东汉晚期的文书用纸(即"旱滩坡纸"),都为我们一一揭开了蔡伦那个时代纸和造纸术的神秘面纱。

妙迹:不平凡的事迹。 蔡侯:即蔡伦,元初元年(114年),安帝封其为龙亭侯。 左伯:字子邑,东莱掖县(今莱州市,属山东省烟台市)人,所造的"左伯纸"与韦仲将制作的墨、张伯英制作的毛笔并称于世。 驰:传播,传扬。

蔡侯纸出世的因缘

> 千百年来最实用的是纸张，最伟大的发明就是造纸术了，两千年前蔡伦发明了历史上第一张蔡伦纸，之后就再也没有出现过其他可以代替纸的东西了，后人只是在他的发明基础上不断地修改完善，使得他发明的造纸术走向全国，走向世界。蔡伦的杰出贡献和丰功伟绩，为人类文明揭开了新的篇章。

湖南省耒阳市蔡伦纪念园里的蔡伦青铜塑像（李百祥 摄）

蔡伦青铜塑像高2.5米，基座高1.2米，总高3.7米。我们不妨仔细端详，你看他剑眉朗目，天庭饱满，伟岸魁梧，左手叠纸于膝，右袖垂落右膝之上，端坐如钟，落落而大方，自然而洒脱，凝眸远视，似在深思静虑。

伦在污泥而身不染

生活在东汉时的蔡伦是个太监，这是史书中明文记载的。一提起太监，人们必然会联想到过去那些在宫廷中上下来回奔跑的是男非男、阴阳怪气的人，顿时就会产生一种厌恶感。不过，历史上也有过为数不多刚正不阿、富有才华的太监。发明了造纸术的蔡伦就是一个浑浊中见光彩的了不起的太监。

蔡伦，字敬仲，桂阳（今湖南省耒阳市）人，约生于东汉明帝永平六年（63年），永平十八年（75

（102年），阴皇后因暗使巫蛊妖术之事而被废，迁于桐宫（桐宫原指商代桐地的宫室，相传为商汤陵墓所在地，伊尹曾放太甲于此，地望在今河南商丘虞城县。后"桐宫"也借指被贬的帝王/皇后或幽禁帝王/皇后的地方），最终忧惧而死，邓绥被立为皇后。

邓绥虽然贵为皇后，但从不居尊自傲，依旧谦和平易，生活上更是俭朴节约，绝无丝毫放纵。对于各方郡国上贡的珍奇之物，全部下令禁绝，只许在岁终时供些纸墨而已（那时的纸不是我们今天所说的"纸"，所谓"其用缣帛者谓之为纸"）。这就成为蔡伦发明造纸术的直接动因。清代何绍基在《东州草堂文抄》的《纸赋》中说："岂云智者创机而巧述之，无如上有好而下甚焉。"此上句中的"智者"指蔡伦，"巧"指左伯；下句中的"上"则指皇后邓绥，"下"指蔡伦。由此就明确地指出了邓后在蔡伦发明造纸术这件事上所起的巨大推动作用的历史事实。

> 缣帛：古代一种光洁细薄的丝绢，由于它有质地柔软轻便、书写方便、传递轻便，又可随意折叠、卷轴，易于保管、便于阅读等特点，所以在纸发明以前，古人将重要文件书写在光洁而细薄的丝绢上，形成了缣帛档案。

蔡伦造纸服务当世

有了邓后的大力支持，少府焉敢为难蔡伦？真是要钱给钱，要人给人，蔡伦这才能继续改进，创造出可以连续捞（抄）纸的活动竹帘和可以解决湿纸揭分困难的"纸药滑汁"等，最后完成了一整套可以成批生产（植物纤维纸）的造纸工艺来，并于公元105年正式上报朝廷，"自是（全国）莫不从用焉，故天下咸称'蔡侯纸'"（《后汉书·蔡伦传》）。

汉安帝元初元年（114年），邓后以蔡伦久在宫廷服务且有功于朝廷，封他为龙亭侯（封地在今陕西省洋县龙亭镇），故后世有"蔡侯纸"之说。同时蔡伦升任为长乐太仆留在宫中。

后来，邓后发现诸书之间错讹甚多，恐怕违背

> 太仆：原本是秦汉时主管皇帝车辆、马匹之官，后逐渐转为专管官府的畜牧事务。西汉时，陇西、天水、安定、北地、上郡、西河六郡设牧师官，养马30万匹，还有供祭祀用的大量牛和羊。东汉时太仆之下保留车府、未央以主管皇帝车马，其余诸厩和西北六郡的牧师官皆省去。西汉时少府所属的考工，东汉时移归太仆，其职务是制作弓弩刀甲等兵器，还主织绶及诸杂工。

清·焦秉贞《历朝贤后故事图》

邓绥对自己娘家的人要求非常严格，曾经下诏给司隶校尉及家乡的河南尹、南阳太守说："每当看到前代的外戚宾客，常常有假借威权，胡作非为，甚至干扰公务的，成为民间之害。责任之一就是官吏对他们执法懈怠，不敢管理的缘故。如今车骑将军邓骘（她的哥哥）等虽无过失之处，可外戚家子弟众多，姻亲又广，难免会有宾客亲属违法乱纪之事。凡是遇到这种情况，你们必须严格处理，不得宽容枉法。"

邓绥认为，要想使皇室外戚子弟不招破败之祸，最重要的是要加强对他们的教育，让他们读书。汉安帝元初六年（119年），邓绥下令将汉和帝的弟弟济北王、河间王家中子女，年龄在五岁以上的40多人，和邓氏近亲子孙30多人召到京师，专门为他们办了一所学校。请名师为他们教授经书，邓绥还亲自监督他们学习。年纪太小的，都专设师傅，让他们到宫内亲加教导。邓绥认为当时的社会风气不正，许多贵族的子弟平日讲究吃穿，出门讲究排场，投机取巧，不肯学习经书，这就是祸败灭家的原因呀！而"我的祖父当年既有武功载于史册，又以文德教化于子孙，因此使子孙后代都能约束行为，不违法乱纪。如今能够使你们上溯祖宗的遗愿，下念我的苦心，我也就心满意足了"。

由于邓绥的约束教育，邓氏子弟大都比较守法。邓骘的儿子邓凤接受了人家的贿赂，事情被揭露出来后，邓骘将妻子和儿子的头发剃光，以谢罪天下。这在封建社会中确是少见之事，自然是与邓绥平时严格约束子弟是分不开的。

了典章的原意，因此特选大儒刘珍与博士良史等人，在国家著述及藏书的东观，分别校订经学各派书中的谬误，并命令蔡伦监督主管此事。这次校订经书的工作，是朝廷提供钦定经传纸写本的开端。因为大家抄写经典需要大量的纸张，所以，极有可能使用了蔡伦发明的纸（只是今天我们没有发现），当然，蔡伦不会想到正是邓后的这种信任日后却要了他的命。

成也邓后败也邓后

有句俗语说"成也萧何，败也萧何"。萧何是汉高祖刘邦的丞相。成事由于萧何，败事也由于萧何，比喻事情的成功和失败都是由这一个人造成的。这句话用在邓后和蔡伦两人的关系上大概也是恰当的，不过，蔡伦之死不是邓后的主意，而后者先于前者而故去。

还是在蔡伦早年担任小黄门一职服役于长秋宫（窦皇后后宫）时，宋贵人生了皇子刘庆（后来的清河王），梁贵人也生了皇子刘肇（后来的和帝），但窦皇后却没生皇子。于是，对自己未来感到不安的窦皇后，就和家人策划了一起"巫蛊"案。一次，宋贵人偶然得病，欲求生菟（菟即药品中菟丝子）为药饵，特致书信给母家，嘱令购求；谁料此书信被窦皇后截住，竟将它作为罪证，诬言宋贵人欲作蛊道，借生菟为厌胜术，诅咒皇上。汉章帝信以为真，于是就疏远了宋贵人，并因此废皇太子刘庆，而按照窦皇后的意思，改立梁贵人的儿子刘肇为皇太子。窦皇后极欲置宋贵人于死地而后快，便唆使汉章帝下令调查此事，而主审官就是她信任的小黄门蔡伦。蔡伦不敢违背窦皇后的强烈旨意，下令对宋贵人姐妹严刑拷打，最后宋氏姐妹先后在牢里服毒含冤自尽。

同样的悲剧还在继续上演，尽管窦皇后收养了梁贵人的儿子并立其为太子，却视梁贵人为眼中钉。汉章帝建初八年（83年），窦皇后又指使人阴写"飞书"（匿名信）诬陷诽谤梁贵人父亲梁竦，梁氏族人因此受到牵连，而陆续被流放到海南等地。梁贵人不忍受如此迫害，自杀身亡。此事虽与蔡伦无关，但对他以后的人生态度或许有强烈的暗示。

到和帝即位时，窦皇后也升为太后。及至窦太后一死，梁贵人的姐姐（和帝的伯母）就上书说：妹妹是被太后陷害而自杀的。于是，窦太后生前的两个阴谋曝光。和帝努力为养母辩护，事情就稀里糊涂地过去了，这样，迫使宋贵人姐妹自杀的蔡伦也就无罪了。

接下来即位的安帝的祖母是宋贵人，由于此时安帝年龄还小，不过是邓太后的傀儡，而且握有实权的邓太后对蔡伦很宠爱，自然他也就平安无事。等到汉

汉和帝刘肇（79~105年），东汉第四位皇帝（89~105年在位），汉章帝刘炟的第四子，生母为梁贵人（褒亲愍侯梁竦之女），皇后窦氏将刘肇养为继子。建初七年（82年），汉章帝废太子刘庆，改立刘肇为皇太子。章和二年（88年），汉章帝逝世，刘肇即位，养母窦太后执政，永元四年（92年），刘肇联合宦官将窦氏一网打尽，刘肇在位17年，元兴元年病逝，享年27岁。谥号为孝和皇帝，庙号穆宗，谥法曰"不刚不柔曰和"，葬于慎陵（今河南省洛阳市东南）。

章德窦皇后（？~97年），汉章帝皇后。曾祖窦融，官大司徒；父窦勋，追爵安成息侯；母为东海恭王刘强女沘阳公主，78年被立为皇后。窦氏6岁能作文章。建初二年（77年），窦氏及其妹妹被选入长秋宫。由于她天生丽质，举止言谈非凡，因而得到了马太后的赏识，更得到了汉章帝的喜爱。当时，深得汉章帝喜爱的还有宋贵人和梁贵人。宋贵人进宫后便生下了皇子刘庆，建初四年，刘庆被立为皇太子。窦后对此嫉妒难耐，便串通母亲，诬陷宋贵人。于是宋贵人和太子刘庆渐渐被章帝疏远。后来，汉章帝又废太子刘庆为清河王，改立由窦后抚养的皇子刘肇（梁贵人所生）为皇太子。宋贵人因此饮药自杀。当初梁贵人深知自己不是窦后的对手，就将刘肇送给窦后抚养。梁家人暗自庆幸，因为刘肇被立为皇太子，以后一定不会亏待生母一家的。这话传到窦后的耳朵里，她为此恨恨不已，于是便诬陷梁贵人，不久后，梁贵人也自杀身亡。

章和二年（88年）二月，年仅33岁的汉章帝崩于章德殿前。10岁的皇太子刘肇即位，是为汉和帝，尊窦皇后为皇太后。因和帝年幼，便由窦太后临朝执政。随即窦太后下诏，任命窦宪违掌典辅政，太尉邓彪为太傅。汉和帝永元四年（92年），窦宪阴谋叛逆，走漏了消息，汉和帝决定诛杀窦宪。此后，窦氏家族做官的人全部被免官，窦太后也因此被软禁，不得再参与政事。永元九年（97年），窦太后忧郁而死，葬于"敬陵"。

安帝即位15年后，邓太后驾崩，安帝已经有27岁了，他自立的日子终于来了。早已对自己形同虚设、事事拱手的现状不满，从而产生愤懑的安帝，遂向邓氏家族开刀，其子弟有的被削夺封爵，废为庶人，有的则远流边郡，被逼自杀。就连邓绥宠爱的蔡伦，因为当年介入后宫之争，曾诬陷过安帝祖母宋贵人，安帝也令其前往廷尉说明当年的情况。失去保护伞的他担心到了廷尉以后遭受小人的侮辱，于是权倾东汉王朝数十年的蔡伦，平静地沐浴后穿戴好衣帽，喝毒药自杀了，他的封国也被解除。

传播造纸功德万代

蔡伦发明造纸术以后，从都城洛阳与封地龙亭两地向四周传播，寻找造纸原料的产地，深入民众传授造纸术，从而在各地留下了许多文献记载、民间传说，以及纪念遗址与遗物。

在蔡伦的封地龙亭，据陕西省洋县当地传说，蔡伦死后，当地乡民偷偷地将其遗体掩埋在龙亭的乡野，四乡百姓每逢清明和蔡伦忌日都要进行野祭。30年后，汉桓帝迫于民心难违，于元嘉元年（151年）才公开为蔡伦平反昭雪。龙亭民众遂将蔡伦墓告之天下，地方官府征召民工，将蔡伦遗骸迁葬龙亭镇，修墓立碑，建立了祠宇。

蔡伦墓祠有拜殿、献殿、蔡侯祠、东西配殿、乐楼等清代歇山式建筑及多株古柏和汉桂（古柏和汉桂均具有1500多年的历史）。蔡伦墓冢巍峨高耸，壮观异常。墓前现存石碑三通，正中真书"汉龙亭侯蔡伦之墓"。每当仲秋，这里花香四溢，凭吊者络绎不绝。

在蔡伦的家乡——湖南耒阳，为纪念蔡伦为人类文化的传播和世界文明的进步做出的杰出贡献，后人

为了展示中国古代科技成就，树立古代科学家的丰碑，中国邮电部于1955年起有计划地发行"中国古代科学家"系列邮票，本套邮票为第二组（1962年12月发行）。"中国古代科学家"第二组纪念邮票，全套8枚，全部采用四位古代杰出科学家的画像和反映他们科学实践活动的图画作为图案。

上图中一枚为"蔡伦"，主图是蔡伦彩色肖像。另一枚为"造纸"，在邮票的画面布局上把造纸的整个过程及其如何操作表现了出来。造纸可以粗分为三个步骤：底下部分是将原料捣碎搅拌和冲水使其成为浆状，有五只大缸，两个工匠在操作；中间部分是把浆撩在细帘子上，滤去水分，留在帘子上的薄片纤维就成为纸，画面中清楚地展示出了这一操作过程；上面一部分是三个人手里都拿着新的纸张。整个布局层次清楚，结构严谨而错落有致。

碧波荡漾、双月争辉的蔡子池，相传当年是蔡伦为方便造纸所开，用来冲选植物纤维，距今已有1800多年的历史了，如今池子两岸，垂柳依依，绿意盎然。

在蔡伦故宅建祠，并在祠后百米处建造蔡伦衣冠冢，以表凭吊。2001年耒阳市决定将原有的"蔡侯祠"扩建而成为今天的蔡伦纪念园。整个纪念园面积为9万多

在汉和帝与汉安帝之间还有个婴儿皇帝汉殇帝刘隆。

汉殇帝刘隆（105~106年），汉和帝次子，养于民间，东汉第五位皇帝（106年在位）。和帝在世的时候，生了许多皇子，大都夭折。和帝以为宦官、外戚在谋害他的儿子，便将剩余的皇子留在民间抚养。元兴元年一月汉和帝死，邓皇后因长子刘胜有痼疾，将刘隆迎回皇宫做皇帝，刘胜被封为平原王。刘隆登基的时候刚刚好出生满100天，是为汉殇帝，改元"延平"，朝政由外戚邓氏掌权。可怜一个婴儿，只做了8个月的皇帝。延平元年（106年）八月辛亥日，汉殇帝得了场大病就死在襁褓之中了，后葬于康陵。汉殇帝是中国帝王中即位年龄最小、寿命最短的皇帝。

汉安帝刘祜（94~125年），东汉第六位皇帝（106~125年在位），汉章帝之孙，清河王刘庆之子，生母为左小娥。汉殇帝不幸早夭后，邓太后与她的哥哥车骑将军邓骘密谋，决定迎立清河王刘庆的儿子刘祜，邓骘又去与太傅张禹、司徒徐防等大臣们商议，征得他们的同意后便连夜持太后节诏招刘祜入宫。这一年，刘祜刚满13岁，是为汉安帝。安帝初立，邓太后总揽政权，直至永宁二年（121年）二月，邓后卒，安帝始亲政。他利用其乳母王圣、宦官李闰等废杀邓氏，命皇后兄阎显掌管禁兵，宦官、外戚共同把持政权。延光四年（125年）二月，安帝携同阎皇后和贵戚南下游玩时患病，在返回途中死去，终年32岁。当年，葬于恭陵，谥号孝安皇帝，庙号恭宗。

平方米，园内景观主要由主大门、蔡子池、怀圣台、碑廊、手工造纸作坊、六角亭、蔡侯祠、蔡伦墓八大部分组成，有主有次，相得益彰，整体上体现了"弘扬蔡伦文化，缅怀蔡伦功德"的主题思想。蔡伦纪念园因此成为国内外游人"寻访蔡伦故里，领略纸史文化"的绝佳场所，是弘扬科学、传承文明和开展爱国主义教育的重要基地。

后世的造纸业多信奉蔡伦为造纸祖师，甚至包括日本等国的造纸工人，也奉蔡伦为"纸神"。四川省夹江是著名的纸乡，纸坊众多，广大造纸工人奉蔡伦为祖师，家家供奉蔡伦神像。旧时每年农历八月，正值新竹未沤好、旧料已用完的闲暇之期，工人们便集资举办祖师神会——蔡侯会。届时，工人们杀猪宰羊，祭拜祖师，演戏酬神。河南省南阳市民间的工商业生产门类很多，其中纸坊也敬蔡伦为祖师，每年农历三月十七日（传说蔡伦诞辰）和十月初十（传说蔡伦忌日），纸坊都要停业欢庆，敛资唱戏，以示纪念。

蔡伦的衣冠冢

山东枣庄青檀寺里的千年青檀树

孔丹造纸与左伯纸

孔丹造纸是一个有关宣纸来源的美丽传说，而左伯纸却是历史上曾有过的东汉名纸，尽管我们今天没有见到这种名纸的样品，但众多文人学士的推崇，使得"妍妙辉光"的左伯纸名传千秋。

有一个美丽的传说

"有一个美丽的传说，青檀的树皮可造宣纸。它能给书法家以精神，也能给绘画家以睿智。只要你懂得它的珍贵，哪怕山高路远也能获得。"

上面这首歌当然是可以唱的，它脱胎于著名歌唱家蒋大为的歌曲，不过歌词却是笔者改编了的。

据传蔡伦去世后，他的得意弟子孔丹就回到故乡泾县（今属安徽省宣城市），继续研究造纸，总想造出一种世上最好的纸为师傅画像修谱，以表怀念之情，但年复一年难以如愿。有一天，孔丹偶见一棵古老的青檀树倒在溪边。由于终年日晒水洗，树皮已腐

四尺生宣纸国画——花鸟荷花鱼年年有余

烂变白,露出一缕缕修长洁净的纤维。孔丹心头一亮,茅塞顿开:用这种树皮不是可以造纸吗?!于是,他和纸工们经过苦心钻研和反复试验,终于造出一种质地绝妙的纸来,这便是后来举世闻名的宣纸。

孔丹造宣纸缅怀师傅蔡伦的故事,虽然只是口述历史的传说,但至今仍在泾县广为流传。小岭人还在村里建造了蔡伦庙,塑了蔡伦像,年年上供、岁岁祭祀,人们在祭奠造纸祖师蔡伦的同时,也念念不忘孔丹这位制造宣纸的奠基人。宣纸中有一种名叫"四尺丹"的纸,就是为了纪念孔丹,一直流传至今。

"妍妙辉光"的左伯纸

蔡伦死后大约80年,即东汉汉灵帝中平二年(185年),中原地区出了个造纸能手名叫左伯(字子邑),据说他能够造出粗细纸张十多种,远近驰名。像蔡伦纸一样,左伯纸究竟是什么样的,今人是无缘识其真面目了,但从古籍中我们可以看到当时的文人对它的欣赏和称赞。

二三世纪之间,文人学士最欣赏的东西就是左伯纸、张芝笔和韦诞墨,它们都享有盛名。制墨家韦诞曾经说过:"夫欲善其事,必利其器。若用张芝笔、

青檀作为一种落叶乔木,春和景明时刚刚抽出细小的嫩芽,有一种新鲜的绿,渲染着春日的气息。风景固然优美,但吸引我眼球的不是这里(青檀寺)的风景,而是那一株株千年古檀透出的饱经风霜的铮铮铁骨。它们扎根于青檀寺山岩的缝隙里,整个树身从石缝里长出,奋发向上,石与根难解难分,几乎融为一体,甚至有的根硬是撑裂了山岩,靠吸取岩石中的营养而生长,形成"檀石一家"的奇观。

在一棵青檀树下,我看到"青檀精神万岁"的石刻,令我为之一震,不得不以树悟人——一株株千年古檀,生性倔强,扎根石缝,咬住青山,攀岩而生,日复一日,年复一年,1000多年过去了,依旧峥嵘立地,苍翠擎天,愈老愈壮,愈久愈坚。这不就是我们枣庄人所拥有的艰苦创业、百折不挠、昂首不屈、和谐共进的精神象征吗?

——李海流:《"青檀精神"枣庄人》

左伯，字子邑，东莱掖县（今莱州市，属山东省烟台市）人。左伯自幼勤奋好学，善于思考，是当时有名的学者和书法家。他在精研书法的实践中，感到"蔡侯纸"的质量还可以进一步提高，就与当时的学者毛弘等人一起总结蔡伦造纸的经验，并加以改进。这样，虽然都是用树皮、麻头、碎布等为原料，但用新工艺造的纸，光亮整洁，适于书写，使用价值更高，深受当时文人的欢迎，被称为"左伯纸"（或称"子邑纸"），与张芝笔、韦诞墨并称为文房"三大名品"。

蔡文姬，名琰，东汉陈留（今河南开封市杞县）人，蔡邕的女儿。蔡邕是当时大名鼎鼎的文学家和书法家，还精于天文地理，妙解音律，是曹操的挚友和老师。生在这样的家庭，蔡文姬自小就耳濡目染，既博学能文，又善长诗赋，兼长辩才与音律。她以班昭为偶像，因此从小也留心典籍、博览经史，并有志与父亲一起续修汉书，留名青史。可惜东汉末年，社会动荡，蔡文姬不幸被掳到了南匈奴，嫁给了虎背熊腰的匈奴左贤王，饱尝了异族异乡异俗生活的痛苦。12年后，曹操统一北方，用重金赎回了蔡文姬。文姬归汉后，嫁给了董祀，并留下了动人心魄的《胡笳十八拍》和《悲愤诗》。

左伯纸及臣墨，兼此三者，又得臣手，然后可以逞径丈之势，方寸千言。"

公元5世纪，萧子良给书法家王僧虔写信时说，他认为在纸、笔、墨这三种文房用品中应以纸为冠。他称赞左伯纸纸面平滑，洁白可爱；用韦诞制作的墨，在左伯纸上书写，墨黑如漆；用张芝制作的笔，在左伯纸上书写，尽意穷声，表现得淋漓尽致。如果把左伯纸跟过去没有漂白过的麻纸相比较，当然是不可同日而语了。

蔡文姬纸上记春秋

《后汉书·蔡邕传》里说，东汉大文学家、大书法家蔡邕写字著书，非左伯纸不肯轻易下笔，可见当时这种纸的身价之高。

蔡邕的爱女蔡琰（约174~239年），也就是创作令人断肠的琴曲《胡笳十八拍》的蔡文姬，自小就耳濡目染，博览经史。在一次闲谈中，曹操问她："听说夫人家有不少书籍文稿，现在还在吗？"蔡文姬感慨地说："妾的父亲生前是留给我4000多卷书，但是经过战乱，散失殆尽。不过妾还能背出400多篇。"曹操听了略感欣慰，就说："我想派10个文吏到你家，让他们把你背出来的文章记下来，可以吗？"蔡文姬回答道："妾听说男女有别，礼不亲授。所以，只需要丞相赏赐给妾一些纸笔，我就可以把它写下来；至于是用楷书还是草书，那就听您的吩咐了。"曹操满足了她的要求，后来，蔡文姬果然把她记住的几百篇文章都一一默写了下来，送给曹操看了，他十分满意。

身居大丞相官位的曹操赐纸给蔡文姬，送的或许就是这种左伯纸。

自20世纪初到现在100多年来,中外考古学家和探险家曾在中国的土地上多次发现和发掘出东汉的纸张,这些都说明蔡伦发明造纸术以后,造纸术和纸张在中国境内得到了普遍的认可和广泛的传播。

考古发掘的东汉纸

北京中国刑警学院赵成文教授用高科技还原的楼兰美女图

1980年新疆文物考古队队长、研究所所长穆舜英教授一行发掘出一具3800年前的女性干尸,始称"楼兰美女"。出土时她仰卧在一座典型风蚀沙质土台中,墓穴顶部覆盖树枝、芦苇,侧置羊角、草篓等。她身着粗质毛织物和羊皮,足蹬粗线缝制的毛皮靴。发长一尺有余,呈黄棕色,卷压在尖顶毡帽内,帽插数支翎毛,皮肤红褐色且富有弹性,眼大窝深,鼻梁高而窄,下巴尖翘,具有鲜明的欧罗巴人种特征。清秀的娥眉,深邃凹陷的双眼,唇轻抿,俊美而忧郁。

楼兰美女与东汉纸

楼兰这个地名大家都不陌生,因为那里曾经出土了一个俊美而忧郁的欧罗巴人种的美女,人称"楼兰美女"。但我们今天要讲的是在100多年前的20世纪初,瑞典探险家斯文·赫定首次闯入罗布荒漠,打破了楼兰城的沉寂。于是,这座消失了上千年的历史名城一举而成为世界著名的考古圣地之一。欧美和日本探险队纷纷到楼兰来访古寻宝,而楼兰文物则成了世界各大博物馆珍藏的宝物。也就是在那时,斯文·赫定在那里发现了一张东汉末年(3世纪初)的纸,上面写有教诫的诗文,经专家鉴定是薄麻纸。

敦煌发掘东汉信纸

敦煌位于古代中国通往西域、中亚和欧洲的交通要道—丝绸之路上,以"敦煌石窟""敦煌壁画"闻名天下,是世界遗产莫高窟和汉长城边陲玉门关、阳关的所在地。1900年6月22日,举世闻名的敦煌莫高窟今天人们所说的长城，指的是明代长城。实际上，我国古代几乎每个朝代都修筑过长城，甘肃敦煌汉长城就位于河西走廊明代长城的北侧，比明代长城要早1300多年。敦煌汉长城遗址位于敦煌玉门关以西5千米处的戈壁滩上，是一段现在保存仍较完整的独特的汉代长城。它始建于汉武帝元狩二年（公元前121年），止于太初四年（公元前101年）。建造时因地制宜、就地取材。起沙土夯墙，并夹杂红柳、胡杨、芦苇和罗布麻等物，以粘接固络，坚固异常。外侧取土处即成护壕，壕内平铺细沙，以检查过境者足迹，称作"天田"。内侧高峻处，燧、墩、堡、城连属相望，所谓"五里一燧、十里一墩、卅里一堡、百里一城"。敦煌汉长城连绵起伏、宏伟壮观，是中国古代劳动人民的一项伟大创造。

藏经洞被道士王圆篆无意中发现了，自那以后共发现了公元4至11世纪的佛教经卷、社会文书、刺绣、绢画、法器等文物5万余件。可惜的是绝大部分文物后来被英国探险家斯坦因等盗窃掠夺，已流散到世界各地，仅剩下很少一部分留存于国内，造成中国文化史上的空前浩劫。1907年，斯坦因又在敦煌附近的汉长城烽燧遗址发现了9张用墨书黄色粟特语的东汉信纸，后据外国专家推断为公元150年的古纸。

斯文·赫定生于1865年，少年时，目睹瑞典极地探险家诺登舍尔载誉归来的盛况，受此激励，20岁时他获悉有机会到遥远的沙俄中亚巴库去做家庭教师，就毫不犹豫地踏上了离乡之路。第二年（1886年）春天，赫定南下做纵贯波斯的旅行，为广袤的亚洲腹地所深深吸引，赫定探险的成绩之一就是在1901年3月3日意外地发现了一个从不为人所知的，张骞、班超曾路经的楼兰古城遗址，《史记》《汉书》将它视为开启西行通道的钥匙。他发掘楼兰城址及以后英国人斯坦因、日本人桔瑞超等在楼兰获得的大批资料，其中主要是魏晋时期的木简残纸文书资料，这就是楼兰文书残纸。

敦煌汉长城遗址

大漠孤烟直，长河落日圆——王维塑像

大漠长河额济纳纸

额济纳，也许是一个大家都感到很不熟悉的地名，但如果我们说到脍炙人口的"大漠孤烟直，长河落日圆"这句诗，读者们马上就能够说出这是唐代大诗人王维《使至塞上》这首诗里的名句。可你知道吗？这首诗描写的正是这片神奇的土地，位于内蒙古最西面和蒙古国交界处的阿拉善盟辖下的额济纳旗，

劳干（1907~2003年），湖南长沙人，台湾中央研究院院士，历史学家，为中国古代史权威学者，具有国际学术影响。1930年北京大学历史系毕业。曾在美国哈佛大学从事研究工作。历任中央研究院历史语言研究所助理研究员、副研究员、研究员。抗日战争爆发后，劳干跟随中央研究院历史语言研究所，从南京辗转内迁至四川李庄，在李庄居住达6年。1942年4月，中央研究院历史语言研究所与中央博物院筹备处组成"西北史地考察团"，赴西北地区敦煌和黑水流域进行考古调查，作为团员的劳干，主要考察了敦煌的阳关、玉门关及额济纳河流域汉代长城和烽燧遗址。他写下五言古诗《居延故址》："行役尚未已，日暮居延城。废垒高重重，想见悬旗旌。今兹天海间，但有秋云轻。归途遇崎岖，枯柳相依凭。长河向天流，落日如有声。刺草凝白霜，古道纷纵横。岂伊车辙间，曾有千军行。吊古宁复而，世乱思清平。谁为画长策，赢此千载名？"

这次考察对劳干研究居延汉简帮助极大，奠定了其以后工作的基础，也促使他后来写了《汉简中的河西经济生活》《释汉代之亭障与烽燧》等重要论文。这些文章都是根据汉简所记，结合文献史籍记载，再加上实地考察所得，从全方位、多角度对汉代政治、经济、军事、历史、地理等方面的问题作了详细的考证，其研究成果至今仍是研究汉代历史和文化的主要参考资料。

也就是古人所说的"居延"。

1942年，西北史地考察团就是在这个神奇的额济纳河边东汉的烽燧遗址下面，发现了一张东汉和帝时期的信纸残片，纸上有墨迹，上面写有文字。据发现者之一的台湾中央研究院院士劳干后来回忆到，那年秋天，他和著名考古学家石璋如一起，在清理东汉查料尔的烽燧遗址时，发掘了这张藏在未掘过的土里面且已经揉成团的古纸。回去后，"请同济大学生物系主任吴印禅先生审定，认为系植物的纤维所作"。由于这张纸埋在地下比东汉和帝永元十年（98年）的竹简要早些，因此他推断制作这张纸的时代应该在98年前。在纸质方面，他认为"这张纸是粗厚而帘纹不甚显著的"。（参见劳干：《论中国造纸术之原始》）

旱滩坡墓里东汉纸

1974年1月8日，甘肃省武威县柏树公社桥儿大队第五生产队开挖金塔河干渠，在旱滩坡附近发现一座古墓，出土器物中，特别值得注意的是，在一辆木牛车模型上黏附有带字的古纸。考古工作者根据对墓葬及出土器物形制的考察，断定该墓属于东汉晚期，即公元3世纪末。因此，墓中出土的古纸当是东汉晚期的文书用纸，专家们后来将它定名为"旱滩坡纸"。

据现场最早的一个发现者说，当他走进墓内时，借助从墓口透进来的光线，可以看见牛车盖上还糊有一层纸棚，上面写有墨字。但由于他没有考古经验和知识，当时就把牛车端出到墓口以致纸棚风化。而现在保留下来的几张残纸片，面积最大的一张长5厘米、宽5厘米，都是后来从车底部下边揭剥下来的。纸上依稀可识的字有"青""贝"等隶书字样，这张纸现在保存在甘肃省武威市文博展览馆里。

甘肃武威旱滩坡出土的东汉带字纸

经过专家化验分析认为，旱滩坡纸是用麻类植物作为原料制成的，在显微镜下可以见到大麻纤维。制浆时可能是用碱煮过，纤维的帚化程度较高，部分纤维已经裂溃。这说明捣捶（打浆）作用良好，有利于纸张成形。用放大镜观察纸的外观，纸面紧密平滑，匀度较好，几乎没有纤维束，透眼也少，厚度相当于现代机制有光纸。从纸的结构和性质来看，推想当时的造纸工艺除了沤、剉、捣、抄等工序以外，可能还有压榨和干燥，使得纸面的平滑度增高。

帚化是指制浆造纸生产中纸浆经过打浆，纤维细胞壁产生起毛、撕裂、分丝等现象。

传统麻纸造纸工艺		
古名	今名	解释
沤	浸泡	将麻料浸泡在水里
剉（cuò）	切料	用刀切麻料
捣	打浆	利用物理方法，对水中纸浆纤维进行机械或流体处理，使纤维受到剪切力，改变纤维的形态，使得纸浆获得某些特性，以保证抄成的纸达到预期的质量要求
抄	抄纸	将适合于纸张质量的纸浆，用水稀释至一定浓度，再用有竹帘的框架等抄造，初步脱水，形成湿的纸页，再经压榨脱水、烘干而制成纸张

张道陵塑像

> 有一个不知什么时候开始的传说，说是道教的创始者张天师（东汉人）发明了造纸，纸于是以张姓为名，称为"纸张"。

张天师造纸故名"张"

"纸张"的由来

现在人们一般将纸的计量单位称为"张"，故亦称为"纸张"。但为什么称为一张纸，而不称为一头纸、一块纸、一个纸呢？据说当初纸的发明与历史上一个姓张的人有关。他就是赫赫有名的张道陵，也就是道教的祖师爷张天师。

张天师其人

张道陵（34~156年或178年），是一位家喻户晓、享誉海内外的人物，每当说起我国的正宗本土宗教——道教，人们就自然而然地联想到道教始祖张道陵。葛洪在《神仙传》里说，张道陵是东汉沛国丰县（今属江苏）人，原是太学中的书生，精通《诗》《书》《礼》《易》《春秋》等五经。晚年时他感叹道，精通"五经"无益于延年益寿，于是开始热心研究长生不老的方法。据传他得到了黄帝的"九鼎炼丹"秘方，就想照着秘方去炼丹。但炼丹的药石非常贵，而他家又非常穷，要想致富没有门路，种田放牧又不是他的专长，干脆就不干了。

听说四川人民性情淳朴，容易接受教育点化，而且四川名山大川很多，张道陵就带着众弟子去了四川大足县的鹄鸣山，苦思冥想。有一天，忽然有成千上万个神仙从天而降，他们把太上老君新出的《正一明威秘箓》和《正一法文》传授给张道陵。张道陵从这两部经卷中得到了治病的仙方，于是百姓们都一一跪拜，祈求张道陵为他们治病祛灾。

张道陵还立下了一条制度：凡是患病者，都要把自己有生以来犯的罪过写在纸上，然后扔到水里，向天神发誓以后永不再犯，再犯就必死无疑（以符水禁咒之法愚民）。

后来张氏子孙又迁居江西的龙虎山，自宋元以后，历代封号尊张之后人为天师，迄今为止，承袭有63代，历经1900多年而不衰，是我国一姓嗣教时间最长的道派，可与山东曲阜的孔氏世家千古媲美，素有"北孔（孔夫子）南张（张天师）"之称。

九鼎，鼎原本为古代的食器，据传是大禹在建立夏朝以后，用天下九州所贡之铜铸成九鼎，并将九鼎置于都城，代表全国九个州，象征执鼎者拥有统治天下的权力。商代时，对表示王室贵族身份的鼎，曾有严格的规定：士用一鼎或三鼎，大夫用五鼎，诸侯用七鼎，而天子才能用九鼎，祭祀天地祖先时行九鼎大礼。因此，鼎就很自然地成为国家拥有政权的象征，进而成为国家传国宝器，后比喻分量重。

"九鼎炼丹"秘方，《正统道藏》收入有《黄帝九鼎神丹经诀》一书，作者不详，共20卷，简称为《九鼎神丹经诀》，成书于唐贞观八年（634年）至显庆四年（659年）间，它辑录了大量唐代以前的重要炼丹资料，对中国古代科技及道教外丹术的研究具有重要价值。书中认为：凡欲长生而不得神丹金液是不行的，呼吸导引、吐故纳新及服草木之药，可以延年，但不免于死，唯服神丹令人神仙度世。于是书中列举多种炼丹方法，如玄黄法、丹华法、神符法、神丹法、还丹法、饵丹法、炼丹法、柔丹法、伏丹法、寒丹法等；书中还讲了许多种药物的具体制作，如水银、丹砂、雄黄等。

龙虎山，位于江西省鹰潭市西南20千米的贵溪县（今贵溪市）境内，为中国道教发祥地。正一道创始人张道陵曾在此炼丹，传说"丹成而龙虎现，山因得名"。龙虎山风景名胜区是中国第八处世界自然遗产、世界地质公园、国家自然文化双遗产地、国家AAAAA级旅游景区、全国重点文物保护单位。2010年8月2日，龙虎山与龟峰被一并列入《世界自然遗产名录》。

龙虎山是道教七十二福地之一，为道教正一道天师派"祖庭"，张道陵于龙虎山修道炼丹大成后，从汉末第四代天师张盛始，历代天师华居此地，守龙虎山寻仙觅术，坐上清宫演教布化，居天师府修身养性，世袭道统63代，奕世沿守1900余年，他们均得到历代封建王朝的崇奉和册封，官至一品，位极人臣。

龙虎山

张道陵造纸

张道陵不仅是道教的祖师，而且也是一位卓越的工程技术专家，他设计建造了坚固实用的盐井，促进了东汉时期盐业的发展。张道陵穿井得盐，也可以从中得碱。张道陵因盐得碱之后，其中一个重要的用途是造纸。张道陵与蔡伦是同时代的人，或许是受了蔡伦发明造纸术的影响和启示，他便以碱为洗液，改进了造纸的方法。经过碱液的濡润凛洗，纸张的质量大为提高，张道陵于是造出了美观实用的纸来。

早期道教中，三官手书、辟邪黄符、道书经典多以纸为载体，东晋·葛洪《神仙传》里记载：张道陵到了四川后，便叫弟子们按照需要轮流交纳米粮、器具、纸笔、柴草等物品。其中"纸笔"，即指的是纸和笔。因张道陵研制开发了碱法造纸，纸于是以张姓为名，称为"纸张"。

桃符与巫符

在古代，先民们用桃木雕成的门神神荼（shū）和郁垒，称为"桃符"。相传东海度朔山桃树下有二神，名曰"神荼""郁垒"，能食百鬼。古人故以为桃木能镇鬼驱邪，于是民间便有了在农历新年时以桃木板画二神像，悬于门户之俗。桃符因此成为后世符箓的滥觞，成语有"鬼画桃符"。在我国的《封神演义》《西游记》等古典小说和当代武侠小说中，往往有道人、巫师等或仗剑披发"念念有词"，或"烧几道纸"，或以剑以指往空中"虚画几圈"，便能上天入地、呼风唤雨的情节描写。这些道人、巫师等，所念之"词"，所烧之"纸"，所画之"圈"，便是今天我们所说的符箓咒语。

东汉前纸张尚未发明，符是用竹子做成的信物，即剖竹为二，合而相符，相当于一种证明的凭据。及至后来，道人和巫师等借用了"符"这一名称，假托将神力以符号的形式附着在规定的"文字"或"图形"上，并将其书写在规定的纸、绢等物品上，作为传达神命和行使神命的凭据，这就是我们今天能见到的"神图巫符"。

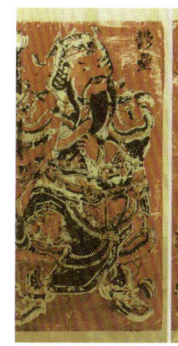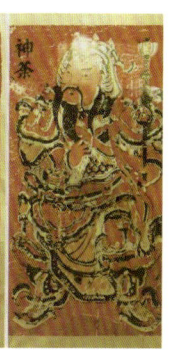

相传古时东海里有一座风景秀丽的度朔山，又名桃都山。山上有一棵蟠曲三千里的大桃树，树顶上有一只金鸡，日出它便报晓。这棵桃树的东北一端，有一拱形的枝干，树梢一直弯下来，挨到地面，就像一扇天然的大门。度朔山里住着各种各样的妖魔鬼怪，它们要出门非得要经过这扇鬼门。每当清晨金鸡啼叫的时候，夜晚出去游荡的鬼魂就必须赶回鬼域。在鬼域的大门两边站着两个神人，名叫"神荼""郁垒"。如果鬼魂在夜间干了伤天害理的事情，神荼、郁垒就会立刻将它们捉住，用绳子捆了起来，送去喂老虎，因此山里所有的鬼魂都畏惧神荼、郁垒。这样在民间就流传用降鬼大仙神荼、郁垒和桃木驱邪、避灾的习俗。他们用桃木刻成神荼、郁垒的模样，或在桃木板上刻上神荼、郁垒的名字，挂在自家门口，用以避邪防灾。这种桃木板被称作"桃符"。桃符，顾名思义，以桃木为材料。在古代，桃木有"鬼怖木"之称，桃木驱鬼辟邪的信仰由来已久，并且从来都关乎于门户。

张天师十二个月的符法

该符正规的用法是从左到右、从上到下12道符分别为1~12月出生的人佩戴，以达到祛邪治病的目的。

摘自中华造纸艺术画谱

开启用纸的新时代

"皎白犹霜雪，方正若布棋；宣情且记事，宁同鱼网时。"萧绎的《咏纸》诗将我们带到了那个动荡不安的魏晋南北朝时期（3~6世纪）。

这一时期的造纸再也不仅仅局限于汉代的麻纸"一花独放"，而是相继开辟了藤树、楮树、桑树和草类等多种原料，这样，造出来的纸张自然比汉代麻纸平滑、洁白。此时出现的纸张的加工技术（施胶、染潢及表面涂布）更为纸品的锦上添花立下了汗马功劳。

信笔雌黄是纸的技术加工，洛阳纸贵则是说明纸的普及。如果说公元105年蔡伦上奏造纸术是纸的诞辰，那么公元404年桓玄下令以纸代简就是纸的成人礼。

萧绎（508~555年），字世诚，自号金楼子，梁武帝萧衍的第七子，梁简文帝萧纲之弟。历任会稽太守、江州刺史、荆州刺史，公元552年登基做皇帝，称梁元帝，在位不到三年，公元554年西魏攻破国都江陵（现荆州）时被杀。作为一个帝王，萧绎在政治上是一个无能的不称职的皇帝，但在历代皇帝中又可称为文化综合水平最高者。他勤奋藏书、读书、著书，学问广博，研究面广且成就斐然。著作极多，以《金楼子》和画作《职贡图》为代表。

悬念丛生的蜜香纸

> 蜜香纸，别名香皮纸，顾名思义，颜色似蜜且香味扑鼻，诞生于晋代。

谜之记录——味与质

因历史上关于蜜香纸的记载并不多见，故它到底是种什么纸至今仍然是一个谜。不过由于这种带有蜜香味的纸着实让后人好奇，因此还是有人试图揭开它那神秘面纱，让我们一睹它的芳容。

晋代嵇含（263~306年）在《南方草木状》中记载，蜜香纸是由蜜香树的树叶制成，其纹理如鱼子，纸张坚韧而味香，浸渍水中也不腐烂。

唐代段公路在《北户录》中记载，罗州（今广东省廉江市）多栈香树，身形如柜柳，树皮可以用来做"香皮纸"。

大约与段公路同时代的刘恂在《岭表录异》中记载，除罗州外，广管（今广东）也多栈香树，身形如柳树，纹理如鱼笺，花为白色且繁多。雷州（今广东省湛江市辖县级市）、罗州、义宁（今江西省修水县辖镇）、新会县（今广东省江门市新会区）四个地方广泛用它来造纸，但造出来的纸纸质稀疏脆弱，沾水即烂，远不如楮皮纸，又无香气。

综上所述，我们可以发现一个有趣的现象，即同是记录蜜香纸，为何一说它香而坚韧，一说它无味而纤弱呢？

嵇含《南方草木状》蜜香树

谜之源泉——树和草

据江俊伟等译注的《香典》一书所述，蜜香树即沉香树、牙香树，为中等乔木。明代李时珍的《本草纲目》却说："木香，草类也。本名蜜香，因其香气如蜜也。缘沉香中有蜜香者，遂讹此为木香。"这里我们看到了两种不同的解释，一种为树，另一种则为草；再结合前面的文献记载，这就把蜜香纸弄得更加扑朔迷离了，蜜香纸所用的原料到底是蜜香树的树皮、树根、树叶，还是蔓生的蜜香草？更加不得而知。

谜之争论——埃、越、中

蜜香纸从哪里来？《南方草木状》里说，"太康大秦献三万幅（张），（晋武）帝以万幅赐当阳侯杜预，令写所撰春秋释例及经会集解以进"。文中的"太康"为西晋武帝司马炎的年号（280~289年），而大秦则指罗马帝国（从意大利至埃及的地中海沿岸）。造纸学者陈大川认为，一般公认中国造纸术西传欧洲的时间是公元8世纪，3世纪罗马不可能有造纸术。即便是蜜香纸是由大秦商人敬献给晋武帝的，我们由其外表为"有纹如鱼子……"等来分析，也极像埃及的"纸草纸"（莎草纸），不是真正的植物纤维纸！

另有一种意见认为蜜香纸来源于今越南中部，《晋书·武帝纪》称："（太康五年）林邑、大秦国各遣使来献。"在这段记载里没有提及蜜香纸，或许进贡蜜香纸的不是大秦，而是林邑。林邑过去又名占城或占婆，为今越南中部岘港与附近的占婆岛一带，

蜜香树

段公路，唐代人，生卒年不详，《新唐书·艺文志》说他是宰相段文昌之孙，段成式之子，段安节之弟，咸通年间曾于岭南供职。若然，则当为临淄（今属山东）人。历仕始末不可考。唯据书首结衔，可知他曾任京兆万年县尉。又据书中称咸通十年（869年），可知他是唐懿宗（859~873年在位）时人。著有《北户录》，为其在广州时所作，具有较高的史料价值。此书专记岭南地异物奇事，颇为赅备，尤详于地方物产，其征引亦极博洽。从中不仅可以了解唐代广东地区的物产，也可以得知一些生活习惯和社会风俗，如当地各种独特的食品和民间各种占卜方法。

刘恂，唐代人，河北雄县人，曾任广州司马，后寓居广州，著有《岭表录异》（共三卷）。与《北户录》同是记述岭南异物异事，也是了解唐代岭南物产、民情的有用文献。其中记载最多的是岭南人的食物，尤其是各种鱼虾、海蟹、蚌蛤的形状、滋味和烹制方法，岭南人喜食的各类水果、禽虫也有记述，是研究唐代岭南地区少数民族经济、文化的重要资料。

当地生长多种瑞香科植物（其中不乏蜜香树），而那时林邑为中国之属地，故《南方草木状》的作者嵇含漏写也是有可能的。

再有一种观点认为，蜜香纸并非是国外的纸，可能产于广东的广州、开平、四会一带，恐《南方草木状》记录有误。而且唐代所造瑞香科植物纤维纸，20世纪初曾在新疆出土。斯坦因在和阗发掘出西藏文佛经残卷，黄色纸，写成年代为8世纪末。此纸经威斯纳化验，认为由瑞香科植物纤维所造，并极有可能是白瑞香一类的野生植物。白瑞香为野生灌木，开白花，故名。它产于中国西南部，茎皮纤维可造纸。威斯纳的化验，在1968年德国人哈代斯·斯坦豪泽的化验中得到证实，即发现敦煌石室唐人写经纸中有瑞香皮纸。

如此众说纷纭，我们到底该相信谁否定谁呢？要得出结论，有赖于更多史料记载或文物的发现了。

谜之趣谈——香不香

瑞香科树木韧皮中含有天然的香味素，且香气扑鼻，这是毫无疑问的，但在造纸的过程中香味素已全被除去，除非在纸上另加香料，这对于古代聪明的纸工们不是一件难办的事。据说初唐大书法家欧阳询之子欧阳通亦善书法，写字时用坚薄、白滑的纸，向纸中加入麝香，名曰"麝香纸"，这种纸确有香味。另外，若向纸上喷以香水，也可使纸在一定时间内保持香味。那么蜜香纸会不会也是在制作过程中加入了香料呢？这是极有可能的！好了，这谜一样的纸张，有没有打动你好奇的小心脏呢？

蜜香、沉香、鸡骨香、黄熟香、栈香、青桂香、马蹄香、鸡舌香，案此八物，同出于一树也。交趾有蜜香树，幹似柜柳，其花白而繁，其叶如橘。钦取香，伐之经年，其根幹枝节，各有别色也。木心与节坚黑，沉水者为沉香；与水面平者为鸡骨香；其根为黄熟香；其幹为栈香；细枝紧实未烂者为青桂香；其根节轻而大者为马蹄香；其花不香，成实乃香，为鸡舌香。珍异之木也。

——《南方草木状》

《南方草木状》是晋代嵇含编撰。此书记载生长在我国广东、广西等地以及越南的植物，计有上卷草类29种，中卷木类28种，下卷果类17种和竹类6种，共80种，并附有生物防治的记载。公元304年问世，为我国现存最早的植物志，书中关于植物产地和引种历史的记载，是研究古代岭南植物分布和原产地的宝贵资料。

> 侧理纸，晋代名纸，即古籍中所记载的以海苔为主要原料（或混入其他植物纤维）而抄造的纸，因纸上有纹理纵横斜侧，故得此名。侧理纸在宋元还有流行，后不知何故绝迹；清代皇宫内府曾有仿制，现今或有收藏。

纵横斜侧话侧理纸

侧理纸的诞生

迄今我们所能见到的关于"侧理纸"的最早记载，是东晋王嘉的《拾遗记》。据该书所说："张华造《博物志》四十卷，奏于（晋）武帝，帝赐侧理纸万番（张），此'南越'（属南方的少数部落之一）所献。后人言陟厘，与侧理相乱，故又称陟（zhì）厘纸。南人以海苔为纸，其理纵横斜侧，因以为名。"这段话交代了侧理纸的原材料（海苔）、来源

《拾遗记》，又名《拾遗录》，是古代汉族神话志怪小说集，共10卷，东晋王嘉（字子年，陇西安阳即今甘肃渭源人）所著。其主要内容是杂录和志怪。书中尤注重宣传神仙方术，多荒诞不经。但其中某些幻想，表现出丰富的想象力。文字绮丽，所叙之事类情节曲折。今传本大约经过南朝梁宗室萧绮的整理。

侧理纸

> 张华（232~300年），字茂先，范阳方城（今河北固安）人。西晋时期政治家、文学家、藏书家，西汉留侯张良的十六世孙、唐朝名相张九龄的十四世祖。曹魏时历任太常博士、河南尹丞、中书郎等职；西晋建立后，拜黄门侍郎，封关内侯；后拜中书令，加散骑常侍，累官开府仪同三司、侍中、中书监，又迁司空。永康元年（300年），赵王司马伦发动政变，张华被杀害，享年69岁。张华记忆力极强，年轻时便多才多艺，学识渊博，工于书法、诗赋，词藻华丽，编纂有中国第一部博物学著作《博物志》。

（南越所献），以及出现的时间（大概在晋武帝时期，265~290年）。既然晋武帝一次就赏赐给张华一万张侧理纸，那么说明当时南越人所献的不少，而当地所抄造的就更多了，遗憾的是，历史上曾有过的这么多侧理纸，现今竟渺无踪迹！至于句中所说的"陟厘"可能是当地人的读音，故王嘉说"与'侧理'相乱"，后人音近而字异罢了。

侧理纸的原料

尽管《拾遗记》里说侧理纸是以"海苔"为原料，但后世对此仍有很大的争议。

据上海同济大学已故教授蒋玄怡先生著的《中国绘画材料史》所述，《拾遗记》里所说的南越指的是广东，侧理纸也应该指的是麻纸，海苔或藻类是不能用来造纸的，文献上记载的用海苔造纸的史实是不确切的。

但宋代史料对于海苔造纸均有过肯定的记载，宋·唐慎微《证类本草》记载："陟厘生江南池泽……此即南人用纸者。"这里说的就是晋代的侧理纸。又，宋·赵希鹄《洞天清录集·古翰墨辨真》称："北纸用横帘造纸，纹必横，又其质松而厚，谓之'侧理纸'。桓温问王右军求侧理纸是也。"后世史料也对侧理纸的仿制品多有记载。清代客居山东的浙江绍兴人金埴在《巾箱说》里说，他在一户人家里做客时曾看到过那家人收藏有两张仿宋的海苔侧理纸。他的这一说法得到同时代的文人孔毓埏的肯定，后者在其著《拾箨余闲》里说，他在别人家里也曾看到一张仿宋的侧理纸，这张侧理纸长7尺6寸，宽4尺4寸5分，纹路极为粗疏，略微呈现出青色来。20世纪以来，国内外的诸多实验和研究也证明了海苔可以造纸。

1939年日本千叶县所制的海藻纸浆不仅可以用来造纸，还可以用来纺织。1942年，中国陕西曾用青苔造过纸。1949年，中国台湾以海藻制纸浆也获得成功。

还有人虽然也承认海苔或藻类植物或参与了造纸，但认为它们是作为黏合其他植物纤维的纸胶，而不是作为造纸的原料。陈大川在《中国造纸术盛衰史》中说，海苔浸水煮后为胶汁，可以作为纸浆的悬浮剂，使得纤维纵横交错。这种解释似比用海苔作为原料造纸来得合理。

侧理纸的克隆

到了宋代，文人的喜爱以及造纸技术的发展，使得大量仿制晋代的侧理纸成为可能。南方的安徽宣州、浙江温州都成为当时著名的造纸中心，苏易简的《文房四谱·纸谱》中提到，南人以海苔为纸。这或许是赵希鹄所说的"东晋南渡"的结果，晋人将北方的造纸技术带到了南方。宋·王洋《和陈长卿赋芭蕉》诗云"书生几上侧理纸"，著名的诗人陆游在《破阵子》词中也云"苔纸闲题溪上句"，这都告诉我们侧理纸在宋代的应用较为普遍。

清代的康熙、乾隆都有文治武功，喜爱书画，自然也特别讲究用纸，因此，晋代的侧理纸便引起了清帝的好奇心，但当时内务府又没有这种名纸。于是浙江的地方官员就想制出这种纸以博得皇帝的欢心，因为没有晋代侧理纸的样纸可供借鉴，纸工们在用苔类为主要原料造纸失败后，就制作出一种具有磨齿状纹理的皮纸来，将它作为"侧理纸"献上朝廷，这也就是清朝的圆筒侧理纸。据说后来乾隆皇帝对这种"克隆"的侧理纸赞不绝口，有诗为证："海苔为纸传拾遗，徒闻厥名未见之。何来映坐光配慕，不

现中国国家博物馆收藏有乾隆年间仿造的侧理纸，外观呈深青色，纸质厚重，纸上帘纹呈现斜向，中无接缝，形为筒状，又称为筒子纸。1963年，著名的收藏家张伯驹先生曾向中国历史博物馆捐献了一张宋代的侧理纸遗物。据看过的专家说，该纸长284厘米，宽172.7厘米，"纸色白且厚，质地轻软，纹路斜侧错落，有褶痕多处"。恐不一定是宋代的遗物。

苏易简（958~997年），字太简，梓州铜山（今属四川）人。北宋太宗太平兴国五年进士第一。为将作监丞、升州通判、翰林学士承旨，历知审官院、审刑院，迁给事中，拜参知政事，至道元年，出知邓州，移陈州。以文章知名，有《文房四谱》《续翰林志》及文集。

《文房四谱》，集王羲之的《笔经》，韦仲将的《笔墨方》《冀公墨法》等名家论述，是中国第一部比较系统、完整的有关笔、墨、纸、砚的专著，分为《笔谱》《纸谱》《墨谱》《砚谱》。书中各谱的体例大致相同，首先叙事，次讲制作，三是杂说，四为辞赋。叙事重在说明定义、沿革及产地。制作则重在介绍制造技术。杂说讲述典故和轶闻。辞赋汇集了有关赞咏"文房四宝"的诗词。全书首尾相映，浑然一体。

《春云晓霭图轴》是由元代画家高克恭所作的一幅山水画，现收藏于南京博物院。此画浑厚、重大，画面烟云环抱山峦，一线瀑布飞流直下，又使群山飘渺起来，气象万千。此画用花青与墨渲染，用色较重，而矾头多露白，对比强烈，使人有雨后晴山的快感。

胫而走系予思。刚囵无缝若天衣，纵横细理织网丝。即侧理耶犹然疑，张华李墨试淬妃。羲献父子书始宜，不然材可茂先追。何有我哉宛抚兹，万番勿乃伤记私。两幅已足珍瑰奇，藏一书一聊纪辞。"

侧理纸的花絮

清时，据说侧理纸在民间偶有流传，曾有一位叫张子元的人花了五两银子买了半张侧理纸，并准备用它来造假。既然造假，就必须要考虑三个问题，首先必须要造名家的假，所造的这幅画不能是被多人鉴赏过的，其次纸的年代和临者的路数必须和原画十分相似。

也是机缘巧合，张子元曾为苏州王姓人家重裱过高克恭的《春云晓霭图轴》，又裁下了原收藏者高江村的题签。于是，张子元就用十两银子雇了个山水画极好的造假高手翟大坤临了两张《春云晓霭图轴》，又花了十两银子请了金石名家郑寅桥造了假印，最后自己亲自动手将画做旧。后来这两幅假画，一幅卖给了湖广总督毕秋帆的弟弟毕涧飞，得银八百两；一幅卖给了江西巡抚陈淮，得银五百两。一共不过二十五两银子的本钱，却得银一千三百两，虽说也是凭借造假本事赚钱，但是如果没有那半张侧理纸，又怎么可能当真画卖了出去？侧理纸在世人心中的价值可见一斑。

剡溪藤纸的喜与悲

> 藤纸是晋代名纸之一，它是以野生藤类植物，比如青藤、葛藤、紫藤、山藤等为原料所造的纸的统称。

崭露头角

隋代虞世南（558~638年）《北堂书钞》一〇四卷引用了东晋范宁（约339~401年）的一句话："土纸不可以作文书，皆令用藤角纸。"这里的"土纸"，可以理解为是一种工艺较落后、质地较粗糙的纸，而"藤角纸"就是藤纸。在我国历史上，造纸名匠辈出，造纸原料来源比较广，所以纸的品种很多。有时候判断一种产品的好坏，可以看它是不是"官方指定产品"，藤纸就曾经得此殊荣。

史书上并没有明确记载藤纸产生于何时，但是根据史料记载，自三国的孙吴时代始，剡县就已经造出了剡藤纸。张华在《博物志》中说："剡溪古藤甚多，可造纸。"剡溪在浙江省嵊县之南，位于曹娥江上游，其水清而沿岸盛产野藤。既有原料又有水源，造纸业就地取材，蓬勃发展，而藤纸就是以藤皮为主要原料抄成的纸。

两晋南北朝时期为藤纸的发展时期，晋代剡县的造纸业非常兴盛，是全国藤纸的制作中心。从上文提到的范宁的话中可以看出，东晋时候藤纸因为质地优良，被官府认定为理想的书写材料。

剡（shàn）溪：为浙江省嵊（shèng）州市境内主要河流，由南来的澄潭江和西来的长乐江汇流而成。澄潭江江底坡度较大，水势湍急；长乐江江底较平，水流缓和。当洪水到来时，两江泄合之后，中间夹有一条细长的银色带状水流，把两水隔开，南面浑浊而浪涌，北面清亮而波平，形成一江两流，中嵌银带，直到远处才融成一片，堪称奇观。剡溪至上虞与曹娥江相接，夹岸青山，溪水逶迤，历史上早有"剡溪九曲"胜景。历代众多诗人学士或居或游，留下了无数咏剡的名诗佳句及趣闻逸事。晋王子猷(徽之)雪夜访戴的故事就很有名，唐代大诗人李白也有诗云："湖月照我影，送我至剡溪。"更使得剡溪声名益显，故自古就有"东南山水越为最，越地风光剡领先"之说。

全盛时代

到了唐朝，藤纸得到大量生产并且迎来了它的全盛时代。剡藤纸以质地精良著称，诗人们用"似玉""似雪肤""似珊瑚""如玻璃""光于月"等来形容它莹润光泽、富有弹性等特点。早在南北朝时，藤纸除了作公文用纸以外，有些还用于佛事。唐代皇帝用剡藤纸作诏书，并明确规定凡是皇帝赏赐、授予官职、向有司索取钱财用物或者惩处的诏令都用白藤纸；太清宫和道观祭祀告神或者道教举行斋醮时献给上天的奏章祝文用青藤纸；官员奏请或根据皇帝意旨起草的文告，或者授官的文书用黄藤纸。公牍被称为"剡牍"，荐举人才的公函也叫"荐剡"，可见剡藤纸在当时纸制品中的优越地位。

剡藤纸不仅用于书写，还被应用到生活中的许多领域。唐代"茶圣"陆羽在《茶经》中写道："以剡藤纸白厚者夹缝之，以贮所炙茶，使不泄其香也。"说明剡藤纸还被用来包装和贮存茶叶，并能使茶叶不受潮、不泄香，具有保鲜作用。

藤纸之所以有如此好的质量除了制造技术以外，与它的原料——藤是有很大关系的。但藤是野生植物，生长期缓慢。自三国的孙吴用藤造纸以后，到中唐藤纸极为流行，及至晚唐宋初，由于古藤消耗已尽，藤纸也日趋衰落，而到明朝成化（1465~1487年）、弘治（1488~1505年）年间，竟"莫有传技术者"。

唐代舒元舆（791~835年）在《悲剡溪古藤文》中写到，藤像其他植物一样"养而生，残而死"。不停地砍伐使得野生藤很难生存下去，而一些文人又滥用纸张，造成大量浪费。作者主张要砍伐有度，爱惜纸墨，并指出消耗自然资源要按自然规律办事。古人尚且有如此见识，而我们现代人是不是更应该保护环境，走可持续发展之路呢？

桑皮佳纸遗世独立

"桑皮纸"姓名考

我国农业社会时期一直有着"种桑养蚕"的传统。人们说到桑树常会联想到衣食住行生之维艰,所以流传有"天子亲耕王后亲蚕"(参见《春秋·谷梁传》,即言帝王要享先农、亲耕藉田;后妇要恭行享先蚕和采桑喂蚕)一说,而少有人会将桑树和桑皮纸联系在一起。桑皮纸取材于桑树,又有别称"桑穰纸",因桑穰是桑树的内皮,故有此意。

明代宋应星《天工开物·纸料》有记载"凡纸质,用楮树皮与桑穰、芙蓉膜等诸物者,为皮纸",

> 被誉为"人类纸业活化石"的桑皮纸起源于汉,采用桑皮纤维制作而成。其纸张柔软且坚韧,百折不损,防虫防蚀,强力吸水,色彩历千年而不变,堪称纸中佳品。

桑皮纸

《大唐西域记》

《大唐西域记》，地理史籍，又称《西域记》，12卷。玄奘述，辩机撰文。本书系玄奘奉唐太宗敕命而著，贞观二十年（646年）成书。书中综叙了贞观元年（一说贞观三年）至贞观十九年玄奘西行之见闻，记述了玄奘所亲历110个及得之传闻的28个城邦、地区、国家之概况，有疆域、气候、山川、风土、人情、语言、宗教、佛寺以及大量的历史传说、神话故事等。它是研究中古时期中亚、南亚诸国的历史、地理、宗教、文化和中西交通的珍贵资料，也是研究佛教史学、佛教遗迹的重要文献。

桑皮是由桑树幼嫩枝条或茎秆剥取而得的内皮，其桑树纤维细长且胞腔很小，细胞壁外面有一层"蜡质"，是造纸的优良材料。也正是桑皮这种特性，抄成的纸张才有柔韧有劲、百折不损的优点。桑皮纸又被称为"棉纸"，它是指桑皮纸纹理美观，轻薄柔韧，使得拉扯断裂的纸张如棉丝一样，故有其名。

桑皮纸在古时还有"汉皮纸"之称。关于这个别称的来源还有一个传说。据《大唐西域记》所载，汉朝时西域没有丝绸，且当时汉王朝仅是将丝绸制品出售或是作为赠品用于外交，禁止蚕丝技术对外输出。然而与中原交好的古于阗国（现新疆和田）国王十分喜欢来自中原的丝绸，于是便以和亲的名义在娶汉家公主的时候，让公主将蚕茧藏在自己的帽子里面带到了于阗。自此于阗国也开始植桑养蚕抽丝织绸，随之而来以桑皮为材料的造纸工艺也在当地流传开来，到了宋代时已经成为当地一项重要的家庭手工艺了。因为那位远嫁的公主是汉家王族，所以又将桑皮纸称为"汉皮纸"。

从桑皮纸一个个的别名中，我们可以感受到桑皮纸的优良特性和独特魅力，也不难感受到桑皮纸在千年历史中积淀的沧桑感和厚重感。

桑皮纸何为用

桑皮纸的珍贵，一方面是由于桑皮纸成纸纸质优异，是纸中佳品；另一方面也是由于原材料价格相对较高且废料多。据悉每5公斤桑树枝仅可以剥出1公斤桑树皮，1公斤桑树皮才可做成20张桑皮纸。也就是说1张桑皮纸要用半斤左右的桑树条，成本是极高的。此外，传统的桑皮纸的制作工艺繁杂，细分下来有30多道，其中仅主要的流程有剥削、浸泡、锅煮、捶捣、发酵、过滤、入模、晾晒、粗磨等，而且一个工艺流程下来常会超过20天。这样桑皮纸想不贵都不行，到了现代，由于传统桑皮纸制造工艺的没落，更是让桑皮纸弥足珍贵。

制作出来的桑皮纸可以分为"生纸"和"熟纸"。其中"生纸"是指未加工的黄纸，而"熟纸"则指的是加工后变得洁白的纸张。从桑皮纸规格划分又有"大汉""中汉"和"小汉"之别。尽管土法造纸几遭"下课"的厄运，但桑皮纸在民间还是很受欢迎的。桑皮纸除了用作书画纸张外，还可以用于制作纸伞、扇子、包裹食物药材等，其中更传有用桑皮纸将水果包上多层可以使得水果在低温中不被冻伤。甚至在20世纪初，新疆和田的地方政府还用桑皮纸来印刷钞票。

《资治通鉴》线装书

桑皮纸，到了宋代由于其制作技术日趋成熟，已经被列入高级文化用纸范围。司马光（1019~1086年）编著的大型编年体史书《资治通鉴》全书294卷，皆是用桑皮纸来刻印的。

桑皮纸今生谈

历史演变到今天，桑皮纸的昔日繁华已不在，保护工作迫在眉睫，2006年5月20日，桑皮纸被列入第一批国家级非物质文化遗产名录。桑皮纸也在积极寻求

桑皮纸绘画作品展示

维吾尔族桑皮纸制作技艺

维吾尔族聚居的新疆南部和东部自古便有植桑采果的传统。至迟在唐代，当地便有用桑树枝嫩皮为原料造纸的手工行业。

维吾尔族桑皮纸以桑树枝内皮为原料，桑枝内皮有黏性，纤维光滑细腻，易于加工，经剥削、浸泡、锅煮、捶捣、发酵、过滤、入模、晾晒、粗磨等工序后可制成桑皮纸。成纸分高、中、低三个档次，用途广泛。清代新疆的书册典籍主要用桑皮纸印刷，民国时还出现过用桑皮纸印制的钞票。中档纸一般用于茶叶、草药等的包装，粗直的桑皮纸则往往用来糊天窗或作为制衣靴的辅料。

制作桑皮纸曾是维吾尔族养家糊口的技艺，一般是子承父业，代代相传。直到20世纪70年代，维吾尔族民间仍在使用桑皮纸。但是，早在1950年，维吾尔族桑皮纸便退出了印刷和书写用纸的行列，从那时起就没有高档桑皮纸了。20世纪80年代以后，桑皮纸已经完全退出了维吾尔族人们的日常生活。因为没有市场需求，制作桑皮纸的匠人都已转业，他们的子孙也没有继承这门技艺的愿望。目前仅存的一位会制作桑皮纸的艺人已届暮年，这门古老的技艺正面临着失传的危险，亟待抢救、保护。

选自《第一批国家级非物质文化遗产名录》（二〇〇六年五月二十日）

跨界合作，希望新的形式可以为其注入活力，使其重燃生命之火。比如2011年新疆自治区人民政府主办的"蓝靛金箔中国画·桑皮纸绘画作品展"全国巡展活动，挥洒在桑皮纸上的中国画与桑皮纸的古韵结合在一起有着格外的韵味，二者相得益彰。此外，更有摄影师将桑皮纸与现代摄影艺术结合在一起，利用微喷打印的高科技手段，将拍摄好的照片呈现于桑皮纸上而不是采用传统的相纸。这种桑皮纸"相片"也让其找到了一个新的存在的理由。而故宫博物院将桑皮纸选择为故宫大修窗户纸专用品，更是可以说救活了桑皮纸。

桑皮纸是我国传统手工的杰出代表，也是造纸艺术的结晶。它的优良品质仍为我们所乐道，在今天它不断革新焕发出了新的魅力。也许可以对桑皮纸说一句："北方有佳纸，遗世而独立。"

桑皮纸摄影作品展示

入潢染纸多彩五色

染色技术　古已有之

"爱美之心，人皆有之。"早在原始社会，在人们生产劳动和社会生活实践中，就逐步产生了原始艺术如雕刻、绘画等，并且人们懂得使用一些色彩。如青海大通县上孙家寨出土的舞蹈纹彩陶盆上描绘的"五人组手挽手"的画面，表明我国在新石器时代就能使用彩色染料进行绘染。原始人将红土、褐土、白垩（è）（即白土，石灰岩的一种，是烧制石灰和水泥等的原料）等天然颜料涂在画面上，后来，这种染色技术便发展成为绘画、印染等。所以，战国时《墨子·所染》里就说，丝放在青色染料里就变成青色，

> 古人所说的"入潢"，即是古代的一种染纸技术，具体来说，是用黄柏将纸染成黄色。除了黄纸以外，魏晋南北朝时期还出现了许多绚丽多彩的五色纸。

舞蹈纹彩陶盆，青海省大通县上孙家寨出土，现藏于中国国家博物馆

陆机（261~303年），字士衡，吴郡吴县（今江苏苏州）人。出身吴郡陆氏，为孙吴丞相陆逊之孙、大司马陆抗第四子，与其弟陆云合称"二陆"，又与顾荣、陆云并称"洛阳三俊"。陆机在孙吴时曾任牙门将，吴亡后出仕西晋，太康十年（289年），陆机兄弟来到洛阳，文才倾动一时，受太常张华赏识，此后名气大振，时有"二陆入洛，三张减价"之说。历任太傅祭酒、吴国郎中令、著作郎等职。太安二年（303年），任后将军、河北大都督，率军讨伐长沙王司马乂，却大败于七里涧，最终遭谗遇害，被夷三族。陆机"少有奇才，文章冠世"，诗重藻绘排偶，骈文亦佳。与弟陆云俱为西晋著名文学家，被誉为"太康之英"。与潘岳同为西晋诗坛的代表，形成"太康诗风"，世有"潘江陆海"之称。陆机亦善书法，其《平复帖》是中国古代存世最早的名人书法真迹。

黄檗

放在黄色染料里就变成黄色。从史书记载可知，东汉末及至三国时期，染色技术已从绘画、染帛发展到染纸了。

染纸入潢　一举三得

由东汉至东西晋、南北朝，人们已经积累了三四百年入潢染纸技术的经验。西晋时的染纸方法一般有二。一是先写后染。西晋文学家陆云（262~303年）在《陆士龙集》卷八《与兄平原书》里说："前集兄文为十二卷，适讫十一，当潢之。"陆云在信中表示，要将兄陆机（261~303年）写的文集染潢。二是先染后写。《晋书·刘卞传》记载：西晋的刘卞当年跟随东平须昌县（今山东东平东须城镇西北）县令到洛阳时，通过考试担任台四品官，上司叫他写一小车黄纸，刘卞却这样说："刘卞不是随便给人家写黄纸的人。"这是先染后写的例子。王羲之、王献之写字用的纸，据说，也多是经过染潢的麻纸。从考古发掘出土的两晋文书以及敦煌石窟晋人写经纸来看，先染后写者居多。

纸张染潢并不仅仅是为了满足人们对颜色的要求。中国古时讲阴阳五行，五行对五位，五位对五方，五方对五色，最后推算出当崇尚黄色。所以，古代的皇帝穿的衣服、用的器具、住的宫殿尚黄，使用的纸张当然也尚黄。染出黄纸张并不是什么难事，但能不能在染潢的同时，使之还能防虫避蠹并开卷书香呢？事实证明，聪明的古人早就巧妙地解决了这个问题。

早在汉魏时，古人就知道了用黄檗（bò）可以染纸。黄檗，亦称黄柏，产于四川，属芸香科，落叶乔木，高可长到十一二米。其茎部的内皮呈黄色，可作染料；其中含有黄连素性质的小檗生物碱，具有杀虫卵的效用。黄檗的汁液，嗅者清香，尝者味苦，目者呈黄；清香令人开卷爽神，味苦防虫蛀鼠啮，黄色悦目并符合古代尚黄的习俗；如有笔误，还可用雌黄涂后再写，便于校勘。用它来染潢纸张，制作书籍，可谓是一举三得。

东晋末年，桓玄（369~404年）废晋安帝而自称为帝，改国号为楚，随即下令曰："古无纸，故用简，非主于敬也。今诸用简者，皆以黄纸代之。"可见当时用黄纸书写在民间已经颇为流行了。

至南北朝时，我国的染纸入潢技术已臻炉火纯青，北魏的贾思勰曾有过详尽的描述，他介绍说，凡是打纸（即砑光）要用生纸。原因是生纸发泡发松，极易吸水，特别适宜入潢。入潢仅以消除纸白就可以了，不宜染色太深，太深则时间长了纸色会变得黑暗。写完书最好是经过夏天潮湿的考验，然后再入潢；若是刚写完书便入潢，则必先用熨斗将粘连的纸缝熨平粘牢，否则一入潢着湿，纸缝就要脱落。蒸煮黄檗内皮，不能只煮一遍，而是在第一遍取汁过程中滤出渣滓捣碎再煮，然后放在纱布上包好和压挤，使其再出汁，而后再捣再煮，再压挤出汁。这样经过三捣三煮，几遍纯汁一并使用，便可节省四倍染料，而且入潢后的纸张还显得越发明净。（参见《齐民要术·杂说第三十》）

20世纪60年代，潘吉星先生按照《齐民要术》所述，曾提取川黄柏煮液，做了染麻纸的试验，效果甚佳。色度深浅依染液浓度、染料含量而定，贾思勰主张只要用染液将被染纸的白色除去便成，不宜染得太深，因为这样染成的黄色纸存放越久，颜色越黄。潘先生依此将麻纸染成淡黄色，看起来更为美观，也不刺眼。

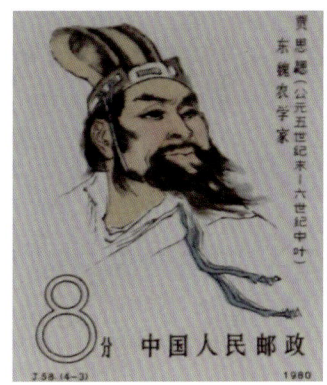

1980年印有贾思勰画像的邮票

贾思勰，北魏齐郡益都县（今山东省寿光市西南）人，出身于儒学家族，官至高阳郡（今山东省淄博市临淄区）太守，是中国古代杰出的农学家，于北魏末年写成《齐民要术》一书。此书由耕田、谷物、蔬菜、果树、树木、畜产、酿造、调味、调理、外国物产等章构成，系统地总结了秦汉以来我国黄河流域的农业科学技术知识，其取材布局，为后世的农学著作提供了可以遵循的依据，是中国现存的最早、最完整的大型农业百科全书。

彩色剪纸——中国龙

彩色剪纸——孔雀

五色染纸　绚丽多彩

除了黄纸以外，魏晋南北朝时还出现了许多绚丽多彩的五色纸。如写诏书和五经、子史类的书籍，就要用青纸。西晋著名的"竹林七贤"中山涛的第五子山简，曾被任命为青州刺史，他曾上表说，已故侍中司徒山涛，即其父亲，曾接受过先帝亲笔写在青纸上的诏书。宋高祖武皇帝刘裕（363～422年），417年攻陷长安、灭了后秦时，收缴后秦的图籍、经史等共有四千卷，皆是用赤轴青纸书写，后一并归于江南（参见《北齐书·牛弘传》）。

宋代苏易简的《文房四谱》中说："桓玄下诏平抑物价，制作桃花笺纸，该纸为淡青色、红色。"《太平御览》卷六〇五引晋·应德詹《桓玄伪事》说："（桓）玄令平准作青、赤、缥（淡青）、绿、桃花纸。"清·陈元龙编的《格致镜原》里说，北魏人用油好的纸刱成红、黄、蓝诸色的伞，骑马步行使用均很方便。有一本笔记，按照一年各种时令记载各地风俗，如"人日"（农历正月初七）剪彩人，相互传赠；在正月里用剪刀剪出"公鸡喊（xián，用嘴含着）蝎子"等图案，张贴在窗户或墙壁上以求吉祥。所用纸为红色、白色等。在过乞巧节时，女人们还要用彩纸精心剪制"牛郎会织女""喜鹊搭桥"等图案开展乞巧活动。

巧施胶质纸面光滑

施胶技术的必要性

从前面对造纸技术的介绍中我们可以了解到，其实纸张并不像我们看到或摸到的那样，是完全光滑平整的平面。因为纸是由纤维制造的，而纤维是一根一根的，所以，看似光滑的纸面上其实布满了由无数的细小纤维交叉密布而成的小细孔，就像一个一个的小格子。我们虽然感觉不到这些小细孔的存在，但是在写字的时候，会感到纸上的笔迹要看起来更粗一些，这是因为墨水落到这些小细孔中，会马上把小细孔填满，被墨填满的小细孔连成一片，就出现了我们常说的"洇水"现象。为了防止"洇水"现象的出现，我们需要用别的东西将这些小细孔填充起来，使纸面实际上变得更加光滑，墨水更加均匀地浸在纸上，这就是施胶技术产生的原因。

> 施胶技术是在造纸过程中施加以淀粉、树胶、动物胶等胶料，以此来改善纸张的性能和品质。

黄蜀葵

> 黄蜀葵：别名秋葵、棉花葵、野芙蓉、鸡爪莲、疽疮药、追风药等，锦葵科，秋葵属，一年生或多年生粗壮直立草本植物。茎被黄色刚毛；叶大，卵形至近圆形；花期6~8月；常生于我国南方的山谷草丛、田边或沟旁灌丛间。黄蜀葵不仅可以入药，而且还可以从其茎秆中提炼植物胶，在工业中用作增稠剂、稳定剂等。

从淀粉剂到动物胶

由上可知，施胶技术主要是为了改善纸的性能，也就是使其更加适合书写和使用，据造纸专家研究，我国早在晋代就已有了施胶技术。早期的施胶剂是植物淀粉糊剂，将它掺入纸浆中搅匀，这样抄成的纸张中会有一颗颗细小的胶体粒子，这些小粒子进入纤维中间的毛细孔，当湿纸烘干时，这些胶体粒子被熔化，就会在纸面上形成一层光滑的胶膜，就好像给本来不平整的纸面镀上了一层膜。这层胶膜使纸张显得格外莹滑平整，写字时也不会出现"洇水"的现象。

这种方法简单易行，但后来发现它难以保证给每个纸面都均匀地施胶，因为在此后压榨工序中有些施胶剂可能会丢失。所以，后世的纸工便将施胶剂用刷子均匀地逐张刷在纸面上，再用光滑石头砑光。后一种方法的优点是显而易见的，但比较费工费时。而且用淀粉作为施胶剂也有一定的缺点——这种纸张不能存放过久，否则纸张容易卷曲，淀粉层也会裂开，不但墨迹容易剥落，纸张也容易变得脆而易裂。后来，人们发现在纸浆中加入黄蜀葵、杨桃藤之类植物的黏液作为悬浮剂，或者用明矾的水溶液加上植物黏液，让纸张在这种胶矾水中拖湿或者把胶矾水刷在纸面上，出纸的效果要比淀粉好得多。

除了植物之外，有些动物制品也可以作为施胶的材料，这是唐代纸工们的一项重要的技术革新，近代造纸业也仍然在使用。最常用的动物胶是明胶，明胶是由动物的皮、骨、韧带、腱等用沸水煮成的，成分中含有无色的氨基酸，可以溶解于热水。为了使明胶中的粒子有效地分散，也还要加入明矾作沉淀剂。这

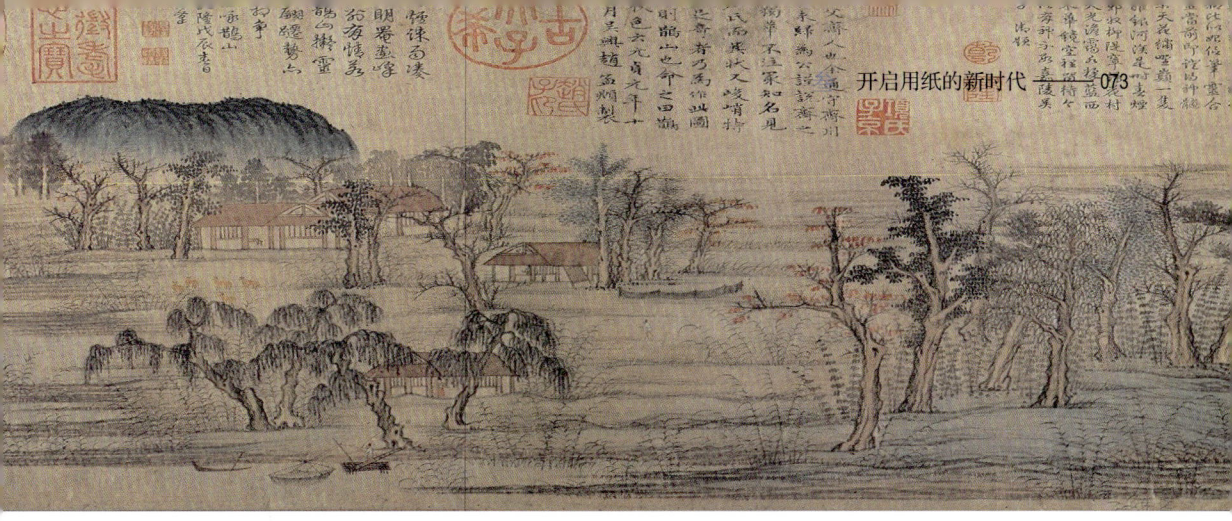

元·赵孟頫《鹊华秋色图》（局部），纸本，设色，现藏于台北故宫博物院

种胶可以直接涂于纸面上，也可将其加入纸浆中直接捞纸，与使用淀粉剂的方法是一样的。

生纸熟纸各有所用

在经过施胶之后，纸就从"生纸"变成了"熟纸"。虽然熟纸的品质更好，制作工艺更复杂，但"天生我材必有用"，生纸也并不是一定就不如熟纸：在书写使用方面，因为生纸比较便宜，所以人们平常练字或起草作品时一般使用生纸，各种日常生活用的纸制品也是如此；但官府所用文书、敕命和皇家御藏图书等，由于要求书写工整并长期保存，因此需要使用熟纸。除此之外，画水墨画或写大字书法也适宜用生纸，因为用中国墨挥毫，墨内已经含有胶质，再用含胶质多的施胶纸，会使墨迹呆滞而不生动；而画工笔画和写小字时，一般用熟纸以免墨迹晕染开来。在古代，制作熟纸的纸工可以根据书画者的要求来调整施胶的强度，可见施胶技术已经达到了很高的水平。宋代之后，因为绘画的需要和雕版印刷术的推广，施胶纸的使用也变得越来越普遍了。

生纸：古代指未经加工（涂蜡或加色等）的原抄纸，一般用作丧事或卫生纸；而现代所称的生纸，是指刚刚抄造而成的新纸，或指尚未完全干透的纸。

熟纸：古代指生纸加工后即为熟纸。《唐书·百官志》云："今书画家用之宣纸犹有生熟之分，即已经煮捶或涂蜡者为熟宣，否则为生宣。"按儒学的规矩，读书人提笔必用熟纸，以示对先人之仰慕和尊重。

摘自中华造纸艺术画谱

贞观开元造纸兴盛

"上下五千年/大梦无边/梦回大唐可看见/遗留的诗篇/纵横九万里/大爱无言/一曲长歌可听见/拨动的和弦"（电视剧《贞观长歌》片尾曲），隋唐盛世在中国的历史长卷中写下了浓墨重彩的一笔，今人仍在"梦回大唐爱"。隋唐时期辉煌灿烂的文化谱写了中华文明史上最绚丽的篇章，也为造纸术的兴盛创造了良好条件。这一时期，造纸使用的原料极为丰富，造纸的品种繁多，制作工艺也日趋完善。"云想衣裳花想容"，云和花都有爱美之心，纸张也不例外，想知道隋唐五代出现的如浣花笺、花帘纸、云蓝纸那些美美的纸张是什么样子吗？请翻开本章一页一页慢慢地品读吧！

会稽楮公荣登"国纸"

> 楮纸，或称为楮皮纸，就是以楮皮为原料所制的纸。它产生于晋代，在唐宋时期成为时代的新宠。

韩愈

韩愈（768~824年），字退之，河阳（今河南省孟州市）人，祖籍河北昌黎，故世称"韩昌黎"。韩愈是唐代杰出的文学家、思想家，古文运动的领袖，有"文章巨公"和"百代文宗"之名。著有《韩昌黎集》四十卷等。

会稽有个"楮先生"

古人认为万物皆有灵性，笔、墨、纸、砚当然也不例外，于是古代的文人雅士就给它们取了一些人性化的名字。楮纸，就有很多有趣的别称，如楮知白、楮待制、楮园公、楮先生等。它们当然都与楮纸有着某种密切的联系，或是纸的特点，或是纸的历史。这里仅拿"楮先生"这个别名来说吧，它出自于唐代文学家韩愈的《毛颖传》，那里面介绍说，毛颖（即毛笔）和绛县（今属山西省）人陈玄（陈：旧；玄：黑，指墨。墨以时间久为好。绛县以产墨著名）、弘农县（今河南省三门峡市下辖的灵宝市，当时产砚台）的陶泓（砚台）和会稽县（今浙江省绍兴市，当时产纸）的楮先生（指楮纸）友好相善，互相推崇备至，一起出现一起消失，尽管皇上只召见毛颖，但它们三个不等皇上召见，还是一起前往，皇上却从来没怪罪过它们。韩愈在这里说的就是"文房四宝"。那时浙江绍兴县一带盛产的楮纸特别有名。所以，韩愈才以"楮先生"戏称楮纸。

天生楮材必有用

楮纸之所以有这么大的名气，主要有两个原因：一是原料好，二是工艺精。首先是原料，楮纸是以楮树的内皮为原料的。楮树，是一种落叶乔木，在我国大部分地区均有分布。一般是在春末夏初时，先砍去楮树枝的外皮，再用手剥取其内皮用来造纸，故此纸被称为"楮纸"。楮纸不仅色泽洁白（与麻类纤维原色即黄褐色相比），而且强度也高（"横断（横向扯断）且费力"（宋应星语））。所以，它受到历代文人墨客的珍爱就不奇怪了。其次是工艺精，楮纸从晋代产生到唐宋时期，它的制作方法不断进步。明代的宋应星在《天工开物》一书里总结了楮纸的制作方法：制造楮纸时，先是把楮树的内皮剥下来，把60斤楮皮和40斤嫩竹与麻一起放入水塘中浸泡，再用石灰浆浸透，放入大锅中煮烂，然后再漂洗、舂捣（放在石臼里），捣碎成纸浆。近来（指明代）有比较经济的办法是用十分之七的楮皮、嫩竹，加入十分之三的隔年稻草制造；如果糊料下得得当，纸质就很洁白。但是后来又有发现楮树皮本身就呈天然白色，所以制成的楮纸就算不经过漂洗也呈一定的白色，这也是楮纸优于其他纸张的地方。

印刷楮币建奇功

在唐代，雕版印刷术发明后，楮纸先是用来印刷佛经，后来也用于印刷一般历书、"公私簿书、契券、图籍、文牒"（南宋·袁说友《蜀笺谱》）等。这是因为楮纸纸色较为洁白，纸面平整，利于雕版印刷，且具有良好的耐久性。

尤其到了宋代，高质量的成都楮纸，还被朝廷指定为印制纸币的专用纸，世界上最早的货币"交子"就是用成都楮纸印制的。凡是用于印制纸币的楮纸，均由朝廷派来的京官监制，抄纸工人也全都纳入政府编制，这在今天也算是央企的员工了。所以宋人常将纸币称作"楮币"。

楮知白：因纸是用楮树皮制成，白色，唐人喜以物拟人，故以纸拟人称之为"楮知白"。语出宋·苏易简《文房四谱·纸谱四》："'楮知白'……中常侍蔡伦搜访得之于耒阳（今属湖南省衡阳市），贡于天子。"（知白语出《老子》："知其白，守其黑，为天下式。"这里取其表面"白"的意思。）

楮待制：宋·洪林的《文房图赞》记载，"楮待制，名田，字为良，号剡溪遗老"。清·汪灏 等《广群芳谱·木谱八》曰："楮待制初名'藤（纸）'，及长为世用，更名'知白'，会稽剡溪人。"（待制，古代为侍从顾问之职。唐太宗即位后，命令京官五品以上，更宿中书、门下两省，以等待皇帝诏命。唐高宗永徽年间（650~655年），命令弘文馆学士轮番待制于武德殿西门，以等待皇帝诏命，称为"待制"。）

入山取穀有奇缘

关于用楮树皮造纸，在古代曾流传着这样一个离奇的故事：据说是在汉明帝永平五年（62年），剡县（今浙江嵊州市）的刘晨、阮肇一起去天台山剥穀皮。刘、阮二人在山中遇到了两个陌生的美女，美女热情邀请他们住在家中。被热情款待的的两人并没有忘记此行的目的，数次想要告辞回家，但禁不住美女的苦苦挽留，于是开始享受山中远离世俗的闲逸生活。就这样大约住了半年，两人担心家人，决心回乡，遂向两个美女道别下山。让人惊异的是，两人回乡后却再也找不到熟悉的亲友、屋舍。原来，此时他们的子孙已经经过了七代，真是"山中才半载，世上已百年"（参见南朝·宋·刘义庆撰写的《幽明录》）。

根据这段传奇的时间来推断，公元1世纪人们就可以造楮纸了，目前还有争议，不过，在《幽明录》作者所处的南朝，用楮皮造纸应是不争的事实。因为比刘义庆稍晚的南朝梁国的陶弘景（456～536年）在《名医别录》里说："楮（树），……南人呼'穀纸'为'楮纸'。"而生活于北魏末期和东魏（约6世纪）的贾思勰在《齐民要术》里不仅详细记述了种植楮树的方法，而且还说楮树"皮可以（用）为（造）纸"。当然，估计那时造楮纸的工艺还很简单，造出来的楮纸也没有什么特色罢了。

"四朵金花"各自开

这里的"四朵金花"指的是古代成都楮纸的四种名品。《笺纸谱》里说："广都（今成都双流）纸（指楮纸）有四色，分别是假山南、假荣、冉村、竹丝。"那么，同一种楮树皮是怎么做出各具特色的四种楮纸呢？该书为我们揭开了其中的奥秘：广幅而不用白粉的，叫作"假山南"；狭幅而用白粉以浆涂纸面，再砑光（用石磨纸面），使纸质白净的，叫作"假荣"；产于冉村（用村边溪流的清水洗涤纸浆），纸质洁白的，叫作"冉村"；造于龙溪乡，轻细而柔韧的，叫作"竹丝"。这四种纸各有所长，被人们广泛地运用到社会生活的各个方面，难怪古人有"败楮遗墨人争宝，广都市上有余荣"之赞叹了。

刘晨、阮肇误入桃源

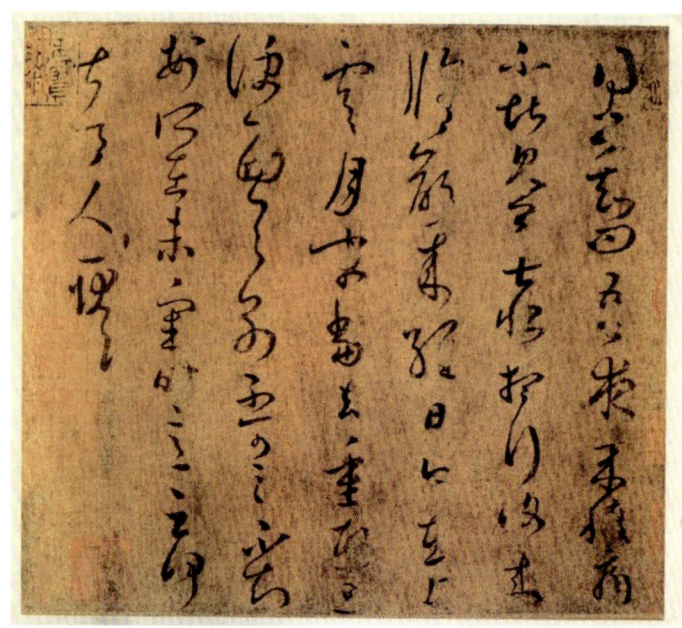

王羲之《上虞帖》草书，唐代摹本，现藏于上海博物馆，硬黄纸本

名帖双钩响拓硬黄

> 硬黄纸，唐代一种较名贵的艺术加工纸，经过染色及涂蜡、砑光制作而成，易于久藏，光泽莹滑，还可以防蛀。

皇家的品质——亦黄亦硬上庙堂

硬黄纸，是唐代加工纸中影响最大的一种染色纸。硬黄纸的原纸一般多用麻纸，首先是将一张张长方形的麻纸浸染在黄檗汁液中，使之呈现天然黄色，再在纸上均匀涂蜡，经砑光后，纸张表面光莹润泽，质硬，韧度好，透明性强，故称之为"硬黄纸"。唐人多用以写经和摹写古帖。此纸之所以为人们看重，是因为其纸质薄匀光细，灯光下莹澈透明，仿佛极薄的黄玉一般，同时坚挺平整，硬而光滑，轻轻抖动的时候能够发出清脆的声音，颜色美观，且能防蛀抗水，真可谓是唐纸中的上品。据宋·赵希鹄（1200年前后在世）《洞天清

《万岁通天帖》局部（唐摹本，硬黄纸墨迹，纵26.3厘米，横353.8厘米），现藏于辽宁省博物馆

录集》中载："硬黄纸，唐人用以写经，染以黄檗，取其避蠹。以其纸如浆泽、莹而滑故，善书者多取以作字。"其制作方法在宋·张世南（约1225年前后在世）的《游宦纪闻》中有所记载："硬黄纸，谓置纸热熨斗上，以黄蜡涂匀。"宋时，硬黄纸已深受文人才子所青睐，宋·苏轼（1037~1101年）在《次韵秦观秀才见赠秦与孙莘老李公择甚熟将入》诗中赞道："新诗说尽万物情，硬黄（纸）小字临黄庭（即黄庭坚，1045~1105年，北宋诗人、书法家）。"

硬黄纸得以流传，唐代的皇帝们可谓功不可没。唐太宗令人复制王羲之的《兰亭序》，武则天于万岁通天年间命人依王方庆所呈书迹摹写《万岁通天帖》，均属用硬黄纸勾摹

《万岁通天帖》：又称唐摹《王羲之一门书翰》《王氏宝章集》。在公元697年（武则天万岁通天二年），武则天向当时的凤阁侍郎王方庆征集王羲之墨迹，王方庆献出了从他十一世祖王导到他的曾祖父王褒王家一门28人的墨迹珍本十卷。武则天命人全部向拓出来，此帖即《万岁通天帖》，摹本最早藏于北宋建隆史馆，历经北宋宣和内府、南宋绍兴内府及韩庄敏家，后又为岳珂收藏，并著录于《宝真斋法书赞》卷七，因原本久已亡佚，岳珂称残存的七人十帖连尾款的一卷为《万岁通天帖》；元代又为王芝、岳飞五世孙岳浚、张雨、无锡华幼武秘藏，明代传至华幼武后裔华夏，藏于真赏斋，清代入清内府收藏；1922年溥仪携往长春，1948年由郑洞国率部在长春起义时，交于负责接收的解放军部队，1954年收藏于东北博物馆（即今

而成。

写经专用纸——我能为自己代言

上面我们说了硬黄纸在唐代主要用以写经和摹写古帖，这在古代文献中有记载，也有实物证明，其中"摹写古帖"上文已有所交代，至于"写经"嘛，这在20世纪初得到了更多实物的见证。

1900年5月，在甘肃敦煌发现的我国古代藏经和画图印本中，民国间流落在民间的《唐千佛图残片》就是朱色捺印在相当厚的特制黄麻纸上的。现藏于中国国家图书馆的初唐写本《妙法莲华经·妙音菩萨品第廿四卷》、唐高宗龙朔三年（663年）皇甫知岌写《春秋谷梁传·桓公第三》、唐玄宗开元六年（718年）道教写经《无上秘要》卷之五十二，还有辽宁省博物馆所藏传世王羲之《万岁通天帖》唐摹本等，都是流传至今的唐代硬黄纸（均为皮纸，原料为楮皮或桑皮）实物。

人们今天所见到的唐代硬黄纸，多制于初唐至中唐之间，唐末五代时则少见，其起源可追溯至隋。因而即使遇到没有年款的这类写经，也可从纸料上大致进行断代。如初唐时期敦煌出土的《大般涅槃经卷第二》，纸通长560厘米，高26.8厘米，共由6幅经纸粘接而成。纸质薄匀光细，莹澈透明，坚挺平整。色呈药黄，因为是用黄檗所浸染，细闻之下可以发现有中药般淡淡的苦涩；又以蜂蜡均匀涂布，砑光磨光，使纸张不仅具有避虫蛀、防霉湿

辽宁省博物馆）。唐摹《万岁通天帖》在流传过程中曾两次遭到火劫，一次是明代无锡华夏真赏斋大火，一次是清乾隆年间乾清宫大火，火烧痕迹犹存。重装后，次序错乱，仅存王羲之等七人十通书翰。现藏于辽宁省博物馆的唐摹《万岁通天帖》前后钤有唐宋间诸旧藏印。

向拓：亦称"影书"，是碑帖术语，古人用于复制法书的一种方法。古时法书的墨迹往往因为年代久远而纸色沉暗、字迹难辨，所以古人在模制时，需先向光照明，再以纸覆帖（通常是用油纸、蜡纸），从而在纸上勾勒出原字的笔画，宋·赵希鹄《洞天清录集·集古今石刻辨》里有较详细的记述，明·杨慎《丹铅总录·字学·影书》里也有较清晰的说明。

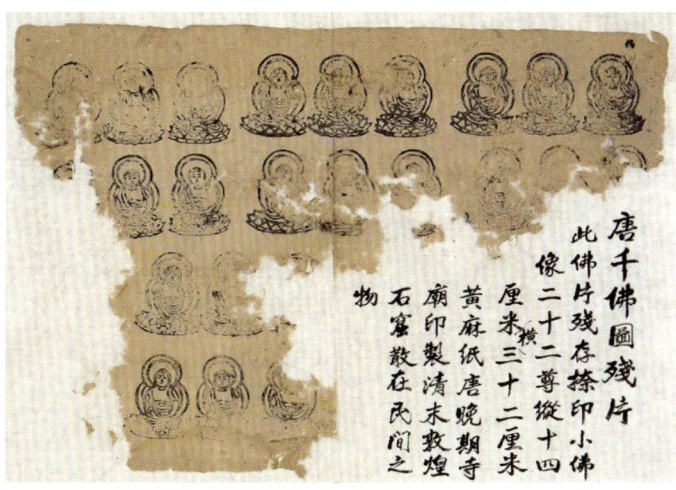

《唐千佛图残片》

此佛片残存捺印小佛像22尊，纵14厘米，横32厘米，黄麻纸，唐晚期寺庙印制，（为）清末敦煌散在民间之物。"唐千佛图"，顾名思义，应该是唐晚期寺庙用特制黄麻纸印制的千尊佛像，与现在所流传的《千佛图》有别，后者又名为《法界源流图》。

的特性，又兼有莹滑坚挺、光泽艳美的特点。如此精美实用的硬黄纸，我们不得不说，它也是为打造敦煌神话出了一份大力的呀！

硬黄——摹仿非我本意

"硬黄"，后来在鉴定行家话语中，便是指临摹本了。唐代善书者多用硬黄纸临帖作字，开始或许只是为了保存书法大家的原迹和方便人们学习临摹，但后来却被一些利益熏心的不法之徒利用造假（正如《洞天清录集》一书中所指出的那样，"今世所有二王真迹，或有硬黄纸，皆唐人仿书，非真迹也"），以此来达到他们鱼目混珠、获取暴利的目的。唐太宗和武则天的初衷也许是好的，不意是"播下龙种，却收获了跳蚤"，败坏了硬黄纸的美名，真所谓"成也萧何，败也萧何"！硬黄纸，它在不同的人怀有不同目的的应用中，有着截然相反的结果。真不知当时创制硬黄纸的隋唐人在知道今日之结果时，又能作何感慨呢？

才女薛涛独创纸笺

> 薛涛笺因才女薛涛而闻名一时，这种小巧玲珑的彩笺做工精美，巧夺天工，不仅打破了当时蜀中白麻纸一统天下的格局，而且成为文人雅客们追求个性与时尚、互相传递小诗的不二之选。

独领风骚的女诗人

薛涛（约768~832年），字洪度，唐代著名女诗人，长安（今陕西西安）人。幼年随父入川，八九岁能诗，父死家贫，16岁遂堕入乐籍（即官妓），脱乐籍后定居成都浣花溪。薛涛知音律，工诗词，多文采，并创有"薛涛笺"。著有诗集《锦江集》五卷，集诗五百余首，惜已多散失，今仅存明刻《薛涛诗》一卷，为我国唐代女诗人中存诗之最。薛涛诗清丽雅正，托意深远，抒发自洁情操，关心国家治乱，感叹身世际遇，怀念友人深情，在一定程度上反映了中唐时期的社会生活。

薛涛与当时的名士元稹、白居易、段文昌等都有往来，与元稹的交情最笃，曾有过一年的露水姻缘（属于"姐弟恋"，薛涛比元稹（779~831年）要大十来岁）。及至元稹离蜀入了翰林（皇帝的文学侍从

薛涛雕像

官），薛涛思念甚切，曾在一张自制的桃红小笺上写了一首诗给元稹（其中有"长教碧玉深藏处，总向红笺写自随"的表白），但当时不知为何没寄给他，只是寄了一张"薛涛笺"。元稹收到后便在笺上作了《寄赠薛涛》一诗寄给她，结尾有"别后相思隔烟水，菖蒲花发五云高"诗句；薛涛这才把先前写的那首诗以《寄旧诗与元微之（元稹，字微之）》为题寄与元稹。

此次书信后，因两人的人生走向已完全不同，终成陌路，从此彼此再无书信联系。这段勉强算得上是才子与才女相恋的佳话，后代的文人们也许会津津乐道；但对薛涛本人来说，却只能是"一江春水向东流"，一段遥远凄清的回忆。她因此郁郁寡欢，终身再也未嫁。薛涛死后，西川节度使段文昌（773~835年，早年曾入韦皋幕府，与薛涛共事过）为其撰写墓志铭。正所谓：人间有多少美事，无奈世事沧桑，终为一曲挽歌！成都现存有望江楼公园，在其住处建有薛涛纪念馆、薛涛井。

风靡一时的"魅力笺"

薛涛不仅因其诗芳名远播，而且因制作了一种小巧玲珑的"薛涛笺"扬名于世。四川当时盛产麻纸，而写诗送人忌用白纸，于是薛涛就大胆发挥创造力将原先的白纸改造成了一种色彩斑斓的彩笺，笺纸共有10种颜色，深红、粉红、杏红、明黄、深青、浅青、深绿、浅绿、铜绿、残云，其中深红色因代表愉悦快乐，最受薛涛喜爱，所以这种小笺多为深红色。这种彩笺因其长宽适度、清新雅致，便于写诗，而成为融诗、书、画为一体的艺术品盛传一时，被冠名为"薛涛笺"。

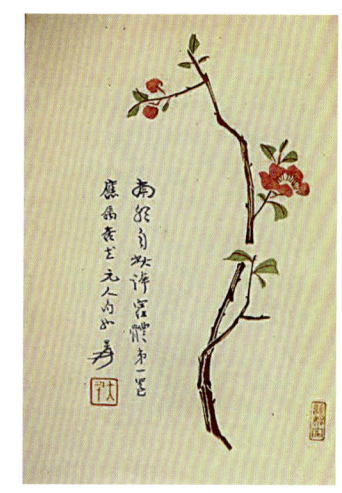

薛涛笺

寄赠薛涛
　　——元稹
锦江滑腻蛾眉秀，
幻出文君与薛涛。
言语巧偷鹦鹉舌，
文章分得凤凰毛。
纷纷辞客多停笔，
个个公卿欲梦刀。
别后相思隔烟水，
菖蒲花发五云高。

寄旧诗与元微之
　　——薛涛
诗篇调态人皆有，
细腻风光我独知。
月下咏花怜暗澹，
雨朝题柳为欹垂。
长教碧玉藏深处，
总向红笺写自随。
老大不能收拾得，
与君开似教男儿。

> 元稹（779~831年）：字微之，河南洛阳人。元稹诗作辞浅意哀，仿佛孤凤悲吟，极为扣人心扉，动人肺腑，其著名诗句"曾经沧海难为水，除却巫山不是云"，因赞美了夫妻之间的恩爱，常为后人喜引用。元稹名作有传奇《莺莺传》《离思五首》等。
>
> 李商隐（约813~858年）：字义山，号玉溪生，河南荥阳人。李商隐擅长诗歌写作，骈文文学价值也很高，是晚唐最著名的诗人，他将唐诗推向了又一个高峰。李商隐与李贺、李白合称"三李"；与温庭筠合称为"温李"，因诗文与同时期的段成式、温庭筠风格相近，且三人都在家族里排行第十六，故并称为"三十六体"。其诗构思新奇，风格秾丽，尤其是一些爱情诗与无题诗写得缠绵悱恻，为人传诵。作品收录有《李义山诗集》。

那么，这种小笺究竟有多美呢？今天我们是看不到实物了，但从当时文人的诗句中我们可以想象出来。比他们稍晚的大诗人李商隐（约813~858年）曾写诗赞道："浣花溪纸桃花色，好好题诗挂玉钩（用玉制作的带钩、帐钩）。"唐末五代著名诗人韦庄（约836~910年）有《乞彩笺歌》赞道，薛涛笺是"留得溪头瑟瑟（碧绿色）波，泼成纸上猩猩色（鲜红色）"，想必是见过明代仿制的薛涛笺的。诗人许友也写诗赞道："春城御柳韩生句，锦水桃花薛氏笺。"明代宋应星在《天工开物》中写到，"其美在色，不在质料也"，薛涛笺的魅力可见一斑。

引领时尚的薛涛笺

那么这样一种深得文人喜爱的薛涛笺究竟是怎样制作的呢？历史上对薛涛笺的制作其实并没有定论。有的人认为薛涛是将浣花溪生产的大幅原纸裁成小幅，染成红色来写诗的。宋代的苏易简在《文房四谱》中说："元和之初（9世纪初），薛涛尚斯色，而好制小诗，惜其幅大……乃命匠人狭小为之。"也就是说薛涛觉得写小诗不必用太大的纸，便将纸裁小，既方便又好看。这种小纸引得大家争相效仿，于是薛涛就引领了一把潮流。

也有人认为薛涛制作的小笺用的是一种特殊的原料。宋应星在《天工开物》中写道："四川薛涛笺亦芙蓉皮为料，煮縻，入芙蓉花末汁。"他认为薛涛笺是以成都盛产的木芙蓉的皮为原料，用芙蓉花的汁液染制成的。宋应星见到的当然是"山寨版"，但应该与原版相差不远。如果是这样，那么薛涛笺用了芙蓉皮、芙蓉花倒真是一个绝美的创意！

还有最后一种说法就是从规范笺的形制，到创设

薛涛

图案、设色加工,薛涛都亲力亲为。据《样待与薛涛笺》记载,薛涛曾专程到纸作坊中指导工匠改进制纸的方法。她将采下来的荷花、鸡冠花等花研磨,加入一些胶汁调和均匀,再将花浆抹在纸笺上,用麻纸贴上吸水,最后压平晾干,制成了五光十色的彩笺。薛涛使用的制纸方法,与传统的浸渍方法相比,省料、加工方便、成本更低。而为了方便书写使用,她将纸张剪裁后制成精巧美丽的小幅纸笺。于是充满文艺气息的薛涛笺就这样"粉墨登场"啦!

> 花帘纸是一种古纸名。为了增添纸张的雅趣和美感，古人制造出这种迎着光线会显示出除了帘纹以外发亮的线纹或图案的纸。

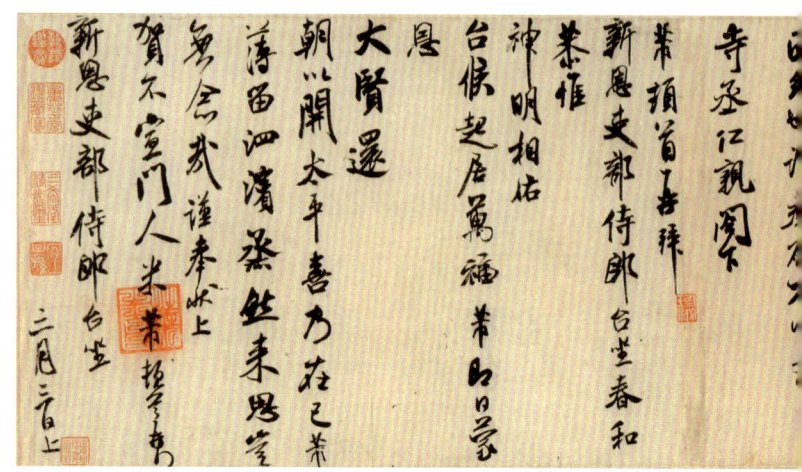

北宋·米芾《韩马帖》，纸本行书，纵33.3厘米，横33.3厘米，纸面上呈现出了复杂的云中楼阁图案，现藏于北京故宫博物院

> 蠲纸，今人的解读有三。一是此处的"蠲"有洁白光滑之意。南宋·赵与时《宾退录》卷二说："临安（今属浙江省杭州市）有鸶纸者，泽以浆粉之属，使之莹滑，谓之'蠲纸'。'蠲'犹'洁'也。"二是吴越钱氏时杭州、温州等地造此纸，供纸者可蠲免（免除）其赋役（官方以颁发免除赋役证书的名义，向民间摊派供应的公文用纸），故号"蠲纸"。三是此纸的纸面似有波纹，取名"衍波笺"，即为"蠲纸"。

水摇浪转说花帘纸

大唐蠲纸如衍波笺

花帘纸源于唐代的说法大概是不错的，明·杨慎（1488~1559年）在《丹铅总录》中写道："唐世有蠲（juān）纸，一名衍波笺意即很多波纹，亦称"水纹纸"，盖纸文如水也。"早在1000多年前的中国，人们就已经不满足于单纯的平面纸和用平面图案装饰的纸，而将雅趣注入到纸当中，成就了凹凸有致的花帘纸。他们或在纸帘上用线编成设计好的纹理或图案，上纸浆时则因着图案的凸起处进行浆薄，所以纹理能发亮而呈现于纸上；或将纹理刻画于木板之上，制成模子，加以强力压在纸面上，便制成了花帘纸。这显然比13世纪在意大利出现的欧洲最早的水纹纸要早了几百年。

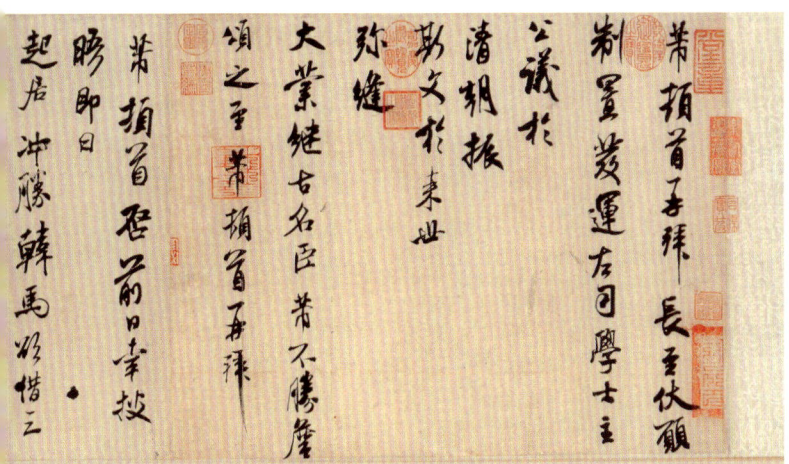

相思一语花帘纸

　　花帘纸因其迎光之时能显现出除帘纹以外的发亮的纹理或图案，通透如玉，花纹生动活泼，而受到文人墨客的喜爱，常被他们用作传情赋诗、作文的信纸、诗笺和法帖纸。据说唐太宗就非常喜欢花帘纸，曾作诗赞道："水摇文蠲动，浪转锦花浮。"（参见明·顾起元《说略》卷十五）使人联想到了春日的阳光里，微风吹皱的波浪泛着晶莹的光。

　　近代词媛吕碧城（1883~1943年），曾与鉴湖女侠秋瑾（用过一个甚为婉约的别号：秋碧城）有过一面之交。秋瑾因佩服吕碧城的学养，至于以号相让，也曾邀请吕碧城共同闹革命，但后者是政治上的温和渐进派，没有听从。1937年3月22日，之前旅居欧美达十几年且已皈依佛门七年的吕碧城身在香港梦见"龙泉夜鸣"，醒后填《鹧鸪天》一阕，最后一句是"复仇早舍春秋意，孤负龙泉夜夜鸣"。据称是梦中得句，或许此时她想起了已从容就义30年的女侠秋碧城。晚清诗人樊增祥（1846~1931年）曾赞吕碧城道："侠骨柔肠只自怜，春寒写遍衍波笺。"斯人已去，只得将此中的无限情深，寄予这一方衍波笺了。

水波荡转《同年帖》

现今世界上最早的水纹纸是存于北京故宫博物院的北宋书法家李建中的《同年帖》。《同年帖》由大、小两张纸联成，其中小幅纸（8.3厘米×33厘米）是楮皮纸，纸上呈现透亮的水波纹图案。

最有趣的是，故宫还藏有宋元之际画家李衎的《墨竹图》，其用纸幅面较大（29厘米×87厘米），纸上迎光看能显示"雁飞鱼沉"（篆体）及"溪月"（隶体）等文字，更有云中飞雁及鱼翔水底的艺术图案，图文并茂，精美绝伦。纸料为皮料，又经涂蜡、砑光。显然，这种里面含有复杂暗纹及图案的蜡笺可供书信用，因为"鸿雁捎书""鱼传尺素"一向都是指书信。据说还有上海博物馆藏的北宋沈辽（1032~1085年）的《所苦帖》，纸上也呈现有波浪纹的图案。

纸敌澄心白似银

温州蠲纸始于唐而盛于宋，在当时也是一种很有名的高级纸。宋元之际的程棨在《三柳轩杂识》一书里说："温州作蠲纸，洁白坚滑，大略类高丽纸。东南出纸最多，此当为第一焉。由拳皆出其下，然所产少。""至于蠲纸（或称'蠲糨纸'）用的是什么原料，明·宋应星在《天工开物》里说："永嘉（即今温州）蠲糨纸，亦桑穰（ráng）造。"在同一书里，他还说："凡纸质，用楮树皮与桑穰、芙蓉膜等诸物者，为皮纸。"这就说得很清楚了，是桑皮（指桑树的第二层皮，白色，为造皮纸的上等原料）。

而关于蠲纸的加工制作，据明弘治版的《温州府

李建中（945~1013年），字得中，自号岩夫民伯，汉族，京兆（今陕西西安）人，北宋书法家。曾任太常博士、金部员外郎、工部郎中、西京留司御史台等职，人称"李西台"。李建中书得欧阳询法，遒劲淳厚。擅草、隶、篆、籀、八分等书体，多构新体，师法颜真卿及魏晋书风。其书笔致丰腴肥厚，结体端庄稳健，风格丰肌秀骨，气宇轩朗。有墨迹《同年帖》《宝宅帖》《土母帖》，石刻有翻刻《峄山碑》及法帖《千字文》等传世。

李衎（1245~1320年），字仲宾，号息斋道人，蓟丘（今北京市）人，晚年寓居维扬（今江苏扬州）。善画枯木竹石，双钩（中国画技法名，用线条钩描物象的轮廓，通称"钩勒"，因基本上是用左右或上下两笔钩描合拢，故亦称"双钩"）竹尤佳，是一位既具有深厚传统功力，又注意师法自然的画家，和赵孟頫、高克恭并称为元初画竹三大家。并著有《竹谱详录》一书，对竹子的形态、性质、画法有详细的论述。存世作品除了《墨竹图》以外，还有《四清图》《竹石大轴》《沐雨图轴》，均藏于北京故宫博物院。

志》载："用糯粉（米粉或面粉）和正面八朴硝（即芒硝，一种中药），沸汤煎煮，候冷，药酽（就是调成浓糊状）用之。先以纸过胶矾，晾干，以大笔刷药上纸两面，再候干，用蜡打（即上光）如打碑（如打碑的方式用力拍击即可），以粗布缚成块，揩磨（拭擦）之。"也就是先用糯粉、面粉、朴硝煎制成药液，再将纸膜经过胶矾、干燥、刷药，再干燥、上蜡、打光等工序。这种纸当时产量并不高，但宜书宜画，颇受人们喜爱，南宋·周辉在《清波别志》里就说，永嘉蠲纸"士大夫喜其发越翰墨，争捐善价取之，殆与江南澄心堂纸等（故清代诗人戴文隽有如此之赞叹：'瘦金笔势迥超伦，纸敌澄心白似银'）"。可见这种纸在南宋时已被视为难得之物，故南宋无名氏《百宝总珍集》将其列作百宝之一。

李衎《沐雨图轴》

子九江造云蓝纸

"云蓝"之父段成式

段成式（约803~863年）是唐代临淄（今山东省淄博市临淄区）人，别号柯古，能诗善文，在才子辈出的唐代也毫不逊色。

段成式年轻时曾随父亲段文昌（曾任四川节度使等职）转徙全国各地，知晓了一些地方的风土人情、轶闻趣事，开拓了生活视野，并刻苦治学，博览群书，故他的博学在唐代作家中是不多见的（曾自言："成式以君子耻一物不知"），为时人所叹服。在诗坛上，段成式与李商隐、温庭筠齐名，更有代表作志怪小说集《酉阳杂俎》流传后世。

与其他才子不同，段成式并非是一个只会整天读书作文的"书呆子"，他既有滔滔的文采，更有治政的才干。段成式历任秘书省校书郎，吉州、处州、江州刺史，直至太长少卿。在家乡为官期间，曾为故里修七孔拱桥，架通南北之路，功泽四方。任处州刺史时还兴修水利，让丽水当地一条"恶溪"（污水严重）变成"好溪"（溪水清澈），赞誉千古传颂。

> 云蓝纸（创制人或监制人是唐代的段成式）的独特之处，在于其蓝色的纸面上印上了一层美丽的云彩图案。作为唐代的一种著名诗笺，云蓝纸还见证了当时两位才子的深厚友谊。

段文昌（773~835年），字墨卿，武则天曾侄孙、晚唐著名诗人武元衡之婿，初唐名将段志玄之后。其先为齐州临淄人，后世居荆州（今属湖北省）。段文昌出身官宦世家，高祖段志玄隋末从李渊起兵，授右领大都督府军头；祖父段德皎，赠给事中；父亲段锷，任江陵县（今湖北省荆州市）县令。段文昌性格疏爽，颇讲义气，不拘小节。自入仕途后，历经唐宪宗、穆宗、敬宗、文宗四朝，先后拜监察御史、中书侍郎平章事、御史大夫，授西川节度使，后为剑南、西川节度使以卒，为唐穆宗时（795~824年）的著名宰相，封邹平郡公。著有文集30卷等，并传于世。

段成式

有了"文韬武略"的政绩，段成式似乎并不满足，他还申请了一项"发明专利"，这就是后人所熟知的云蓝纸（是他在九江做官期间创制或监制的）。才子之手创造出如此精美的纸笺，再配上工丽的诗篇，真可谓锦上添花，相得益彰。

云蓝纸的"天蓝蓝"

云蓝纸据说是纸上面有着蓝天白云的图案，据今人的研究，很可能就是用蓝色的纸料与白色的纸料混合后抄成的笺纸。从技术上判断其制法有三个步骤：第一步是用靛蓝染料加上少许水配成浅蓝色溶液，再将白色皮纸放入这种溶液中染成浅蓝色；第二步则是将纸捣成泥状，再加水配成浅蓝色的纸浆，放入罐中备用；最后一步是制作出云彩的花纹来，制作人先荡帘捞出湿纸滤水后，将帘床提至另一槽上，再将上述浅蓝色纸浆倾入此湿纸的适当部位，用手水平地轻轻荡帘，则浅蓝色纸浆就在湿纸上流动，形成波浪云状，取下后晒干即成为所谓的"云蓝纸"。

这种制作灵活度高，云纹所在的位置及其颜色由制作人根据自己的需要而决定，变化多端。例如，配成不同色调的纸浆，可以制作出梦幻效果的彩云图案。若在有色纸浆浸到湿纸面后，将水平荡帘换作旋转式荡帘，便可形成旋涡式的云彩花纹。荡完后，再加染色纸浆，可形成层层的云，一层压一层，给人一种立体的视觉感。当然，不一定把整张纸都做成云纹效果，还可以只做局部处理，以此来体现中国传统绘画的留白艺术。

云蓝纸不仅在唐代十分有名，而且后来还流传到了海外，日本后来也出现过这类纸，称为"云纸"。

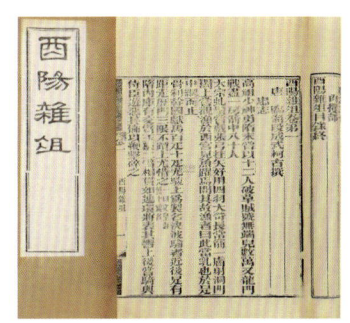

《酉阳杂俎》书影

《酉阳杂俎》是唐代笔记小说集，20卷，续集10卷，撰者为段成式。这部著作，内容繁杂，有自然现象、文籍典故、社会民情、地产资源、草木虫鱼、方技医药、佛家故事、中外文化、物产交流等，可以说五花八门，包罗万象，具有很高的史料价值。这本书，据作者自序，说是属于志怪小说，"固役不耻者，抑志怪小说之书也"，不过就内容而言，远远超出了志怪的题材。

> 温庭筠（yún）（约812~866年），本名岐，字飞卿，太原祁县（今山西省祁县）人，唐代著名的诗人、词人。因相貌奇丑，人称"温钟馗"。早年苦心学文，年轻时即以词赋兼工、才思敏捷知名。温庭筠精通音律，词风浓绮艳丽，语言工炼，格调清俊，内容多写闺情，其词艺术成就在晚唐诸词人之上，为"花间词派"的首要词人，对词的发展影响较大。他当时与李商隐、段成式文笔齐名，号称"三十六体"。存词70余首，有《花间集》遗存，后人辑有《温飞卿集》及《金奁集》。温庭筠的先世温彦博虽是宰相，可到了温庭筠时，其家世已衰微。温庭筠与段成式两家颇睦，互通诗文，温庭筠的女儿嫁给了段成式之子段安节。

"天蓝蓝"，哪里来？

云蓝纸的制作方法真的是别出心裁，但这种制作方法还得追溯到唐代著名的女诗人薛涛和她的薛涛笺上。据《唐音要生》载："诗笺始（于）薛涛，涛好制小诗，（叫纸工将大纸裁小而用之，并将）其笺染演作十色。"所以说，是薛涛首创了用涂刷染色的工艺。

那段成式又是如何从薛涛处偷师取艺的呢？据《说文录》载，原来段文昌当年曾在成都做过官，因此，后来段成式是以父荫（谓因父辈之官爵而得官职）而成为校书郎（古代掌校理典籍的官员）的，但他却整天喜好打猎，段文昌认为儿子不务正业，深感忧虑。作为段文昌的红颜知己，薛涛得知后便主动为他排忧解难，写了一首《赠段校书》给段成式。诗中说道："公子翩翩说校书，玉弓金勒紫绡裾。玄成莫便骄名誉，文采风流定不知。"诗中引汉代韦玄成以父亲韦贤为榜样，博通经典，官至丞相这一典故来隐喻嘉勉段成式。至于段成式后来是不是幡然醒悟而"浪子回头金不换"了，这里暂且按下不说；但由薛涛与段氏父子的交情颇深这点来看，也就不难推测，段成式造云蓝纸的染色方式极有可能是从薛涛处学来的。

云蓝载诗传情谊

大唐是诗歌盛行的时代，似乎人人都能吟诵几句，而云蓝纸作为唐代文人写信写诗的专用纸笺之一，无疑也成为了才子们传递情谊的重要工具。

段成式和温庭筠来往密切，互为良师益友。一天，在九江的段成式收到温庭筠从襄阳发来的信件，温用一张九寸的小纸抄写了一首《舞曲歌辞·掘柘词》，并向段索要10张云蓝纸。面对好朋友的请求，段成式爽快地答应了，很快就给他寄了50张，并同时赋一首七言绝句《寄温飞卿笺纸》：

三十六鳞充使时，数番犹得裹相思。

待将袍袄重抄了，书写襄阳掘柘词。

诗中，"三十六鳞"指鲤鱼，即鲤鱼传书。大意是段成式收到友人来信，提笔回信时，对友人的思念之情溢于言表。段成式认为温庭筠的掘柘词是佳作，所以，不惜将自己的袍袄（麻衣或纸衣）作为原料，重新制成纸浆来抄写这首佳作，字里行间流露出对友人的赞扬。随后，温庭筠用收到的云蓝纸回赠了《答段柯古见嘲》一诗。

云蓝纸虽说只是历史上曾流行过的琳琅满目纸品中的一种名诗笺，却承载着诗人之间酬谢答贺的功能，也对历史文化的发展起着重要的推动作用，诗歌也因云蓝纸的映衬而更具视觉上的美感。云蓝纸后来成为纸的别称之一，清代诗人袁枚在《随园诗话》卷六中写道："胸中多少英雄泪，洒上云蓝纸不知。"在新媒体崛起的今天，我们很少能有机会再使用云蓝纸写信了，但段成式当年制作云蓝纸的这种独创精神却永远激励着我们去开拓美好的未来！

答段柯古见嘲
——温庭筠

彩翰殊翁金缭绕，一千二百逃飞鸟。

尾生桥下未为痴，暮雨朝云世间少。

彩翰：犹彩笔。殊翁：文采奇特的雁颈毛。 缭绕：缠绕。 尾生：据《庄子·盗跖》中所述，古时有一个名叫尾生的男子和他心爱的姑娘在梁桥下约会，他去了可心上人迟迟没来，不幸的是这时大水涨上来了，这个痴心汉为了信守诺言而坚持不肯离去，最后竟然抱着桥柱溺亡。据说，梁桥在陕西蓝田县的兰峪水上，当地人称为"蓝桥"。从此，人们把相爱的男女一方失约，而另一方殉情叫作"魂断蓝桥"。 暮雨朝云：传说古代楚怀王有一次游历高唐地区时，在梦中临幸了一个仙女。临别时仙女对他说："妾在巫山之阳，高丘之阻。旦为朝云，暮为行雨，朝朝暮暮，阳台之下（见战国·楚·宋玉《高唐赋》）。"后因以"暮雨朝云"等指男女间的情爱与欢会。

《琉璃堂人物图》

益州麻纸春冰密茧

蜀麻抄书供难求

唐朝的成都是当时的一大造纸中心，不仅由成都纸工制造的楮纸享誉中外，而且由他们制造的麻纸也誉满天下，自问世后就成了朝廷的公务专用纸。当时唐朝宫廷专门规定用益州麻纸来书写各种公文，并用来抄写东（洛阳）、西（长安）两京宫廷收藏的四部书籍。从贞观（627~649年）至开元（713~741年）100多年间，唐朝朝廷组织人员收集、整理与抄写天下书籍的工作一直不断。安史之乱（755~763年）造成许多图书散失，平定安史之乱后，朝廷又继续组织人员收集、整理、抄写。据《唐会要》所载，唐宣宗大中四年（850年）二月集贤书院（收藏、校理典籍的官署）上奏朝廷：从前一年正月一日以后到年终写完贮库，及填缺书籍365卷，计用麻纸11700多张。由此可见，唐朝整理和抄写书籍的工作所需的麻纸不计其数。同时，大批的蜀纸作为贡品运往长安和洛阳，往往供不应求。再加上四川本地官方和民间的用纸，数量也是十分巨大的。如果当时四川没有相当发达的造纸业和

> 麻纸，是以黄麻、布头、破履为主要原料制成的纸张。它问世于汉朝，是我国最早出现的植物纤维纸。到了唐代，其制造工艺得到了极大提高。产于益州的麻纸，以其"滑如春冰密如茧"的美丽而誉满天下。

蜀麻：蜀地（指四川）所产的麻纸。唐·杜甫《夔州歌·蜀麻吴盐自古通》："蜀麻吴盐自古通，万斛之舟行若风。"宋·梅尧臣《和石昌言以蜀笺南笺答松管之什》："杨子校经聊以赠，蜀麻江楮报何嫌。"

繁盛的造纸作坊，是不能满足如此巨大的需求的。

蜀麻工艺精又巧

"工艺巧"——杜甫在《客居》一诗中有"蜀麻久不来，吴盐拥荆门"（安史之乱使得交通运输严重受阻，蜀地所产的麻纸和吴地所产的食盐都运不进云安，即今重庆市云阳县）之句。他在另一首诗中的"乌麻蒸续晒"一句，就是指麻皮造纸的前工序，即亚麻剥皮后经过蒸煮、水洗并晒干成为制浆造纸的半成品。这种工序造出的纸细薄坚韧，书写流利，特别是黄麻纸，在制作过程中添加了专门的药剂，可以长期存放而不被虫蚀。

"质量高"——就产地而言，以浣花溪的纸质量最佳，闻名天下。纸家之所以选择浣花溪，是因为浣花溪水含铁量低，悬浮物少，硬度不高，故抄出的纸洁白光滑，仅麻纸就有四大名牌享誉全国，成为唐纸高品质的象征。

"种类多"——益州麻纸种类繁多，有白麻纸、黄麻纸、桑麻纸、麻布纹纸。益州麻纸，就规格而言有大小之分，就颜色而论有黄白二色，都是以麻作为造纸原料精制而成，为唐代朝廷所器重。

长翻蜀纸卷明君

唐宪宗时（806~820年），"巨星"郑姬来洛阳开演唱会，凭借自己出色的外貌和优美的歌声赢得众多粉丝的支持。其中有一个人称许公子的铁杆粉丝，家里有权有势，为博得心中女神的青睐，不停地送花赠金，郑姬终于被打动，邀请他参加宴会。一次酒会上郑姬感慨说，东都文人雅士虽然很多，但能同司马相如比肩的却

南唐画家周文矩的《琉璃堂人物图》，描绘了唐代诗人握笔托腮、凝神构思的神态。诗人左手拿着的，可是珍贵的蜀纸？

《琉璃堂人物图》（绢本，设色，纵31.3厘米、横126.2厘米），现藏于美国大都会艺术博物馆。画中是唐代诗人王昌龄在他的任所江宁琉璃堂与诗友李白、高适等聚会的情景。其后半段即为《文苑图》部分，精心刻画四位诗人冥思苦想寻觅诗句的生动情态。画面中部一人袖手伏在弯曲的松树上凝神思索，旁若无人；右边一人一手握笔托腮，一手轻捧纸绢，陷入沉思，一童子俯身为他研墨；左边二人坐着共展一卷诗文，似在细细琢磨推敲，一作沉思状，一扭头回视，似乎听到了什么声音。作品把处于特定情景中的四位诗人的神情姿态和性格气质，刻画得细致入微，人物姿态各有不同，但又统一在诗人构思的浓浓氛围中。

司马相如（约公元前179~前118年），字长卿，巴郡安汉县（今四川省南充市蓬安县）人，西汉辞赋家。景帝时为武骑常侍，因病免。工辞赋，其代表作品为《子虚赋》。作品词藻富丽，结构宏大，使他成为汉赋的代表作家，后人称之为"赋圣"和"辞宗"。鲁迅在《汉文学史纲要》中指出："武帝时文人，赋莫若司马相如，文莫若司马迁。"他与卓文君的爱情故事在民间也广为流传，据说相如归蜀，路过临邛（qióng，今四川省成都市邛崃市）时，结识商人卓王孙寡女卓文君，卓文君喜音乐，慕相如才，相如以琴心挑之，私奔相如，同归成都。家贫，后与文君返临邛，以卖酒为生。二人故事遂成佳话，为后世文学、艺术创作所取材。

没有。大诗人李贺（约791~817年）恰巧也在场，当即便挥笔写下这首《许公子郑姬歌》名诗，诗中说："长翻蜀纸（益州麻纸）卷明君（昭君），转角含商破碧云。"意思是说：郑姬一边翻看着用蜀纸绘有王昭君故事的变文长卷，一边引吭高歌，歌声优美动听。李贺言明郑姬用蜀纸抄曲，旨在表现郑姬非等闲之辈。因为在唐代，蜀纸是十分珍贵的，使用它的人不是达官贵人就是文豪大家。久而久之，能使用这种纸就成为有身份、有才华的象征了。

才子赋诗救佳人

五代的王定保在其著《唐摭言》里讲了这样一个故事：某天，书法家柳公权（778~865年）入宫觐见皇帝，刚好遇到皇帝迁怒一位宫嫔，柳公权同情宫嫔并为她求情。皇帝指着桌上的几十幅蜀纸，对柳公权说："如果你能在蜀纸上写一首诗，朕就饶了她。"柳公权思索片刻，当即提笔写了一首七律："不忿（不服气、不平）前时忤（违逆）主恩，已甘寂寞守长门（失宠的宫嫔居住在冷清的宫院里）。今朝却得君王顾（眷顾），重入椒房（皇帝的洞房）拭泪痕（高兴而流泪）。"被拍马屁的皇帝看后心中大悦，马上下令赐一些上好的蜀纸等物给柳公权，还叫那位宫嫔过来拜谢他。这个故事从侧面说明了，就连唐朝的皇帝也十分珍爱蜀纸。

柳公权

李煜《入国知教帖》（局部）

澄心堂纸堪比金贵

> 澄心堂纸是五代南唐后主时开始制造的、为历史上久负盛名的优质书画用纸，是以南唐烈祖李昇（888~943年）节度金陵时闲居和处理日常事务的宫室命名的。

李后主与澄心堂纸

提到澄心堂纸，不能不提及南唐后主李煜这个人，现在知道他的人可能不多，可说到"问君能有几多愁，恰似一江春水向东流"这句词，可能人人都能脱口而出。说到李煜这个人，史书上说他才华横溢，工书善画，能诗擅词，通音晓律，是被后人千古传诵的一代词人。他本无心争权夺利，一心向往归隐闲居的生活，可历史偏偏跟他开了一个硕大的玩笑，让这个当时只有25岁的文艺青年登上王位。李煜性情骄侈，喜好声色，又好佛事，平时与大臣们在一起高谈阔论，很少过问政事。这样安稳当了几年皇帝以后，公元973年，宋太祖令李煜去汴京（今开封）议事，他托病不去，赵匡胤大怒，遂派大将曹彬率领军队去攻打南唐。公元975年十二月，李煜因沉迷于诗画竟不知宋军已攻至金陵城下。不久，曹彬攻克金陵（即今江苏省南京市），后主只得肉袒出降，被俘到开封。公元978年，李煜被宋太祖毒死。在被囚禁的日子里，为抒发故国之情、亡国之恨，李煜写下了不少脍炙人口

李煜

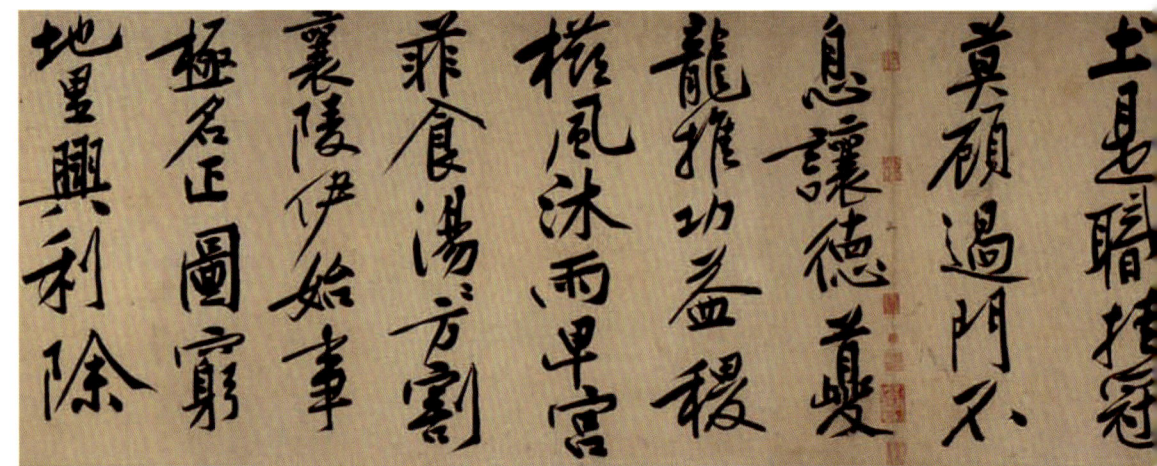

黄庭坚的《砥柱铭》是台湾一位收藏家于2000年花了（人民币）五六千万元从日本的一家博物馆购得。但据2010年7月10日《河南商报》报道，河南收藏书画多年的王保良先生，却认为《砥柱铭》是赝品。王保良提出他的三大疑问：一、大书法家错别字连篇？《砥柱铭》仅仅开头的80多个字中就出了好几个错字。二、《砥柱铭》长卷中运笔犹豫、顿涩？不像黄庭坚《书松风阁诗卷帖》影印本中用笔顿挫奇崛，甚至感觉还有回描的痕迹。三、博物馆连镇馆之宝都卖？据说《砥柱铭》是这家日本博物馆的镇馆之宝，但他们却卖了。

的诗词，上面我们引用的《虞美人》一词中的句子便是他的代表作。那么，澄心堂纸与李煜又有什么关系呢？

原来早在南唐之前的很多年，新安歙（shè）县（今安徽省歙县）的纸工们就制作出了一种优质书画纸，据古籍上所说，此纸"肤如卵膜，坚洁如玉，细薄光润，冠于一时"，受到工书善画的李后主的喜爱，因此他便把他祖父李昪管辖金陵时闲居和处理日常事务的大厅——"澄心堂"，专门辟为收藏这种纸的场所，并特设官局监造此纸，取名为"澄心堂纸"，此后澄心堂纸便充当专供御用及赏赐群臣的皇家高级纸了。

文人互赠佳纸传情

南唐灭亡后，澄心堂纸的制作便告结束，其工艺亦失传，此纸开始流向民间。流传下来的澄心堂纸以其质地佳美备受文人青睐，被素有"北宋四大书法家之一"之称的蔡襄誉为"纸中第一品"。北宋时的扬州太守刘敞，曾有幸在任上得到100张澄心堂纸，他喜出望外，毫不掩饰自己激动的心情并赋诗道："当时百金售一幅，澄心堂中千万轴……流落人间

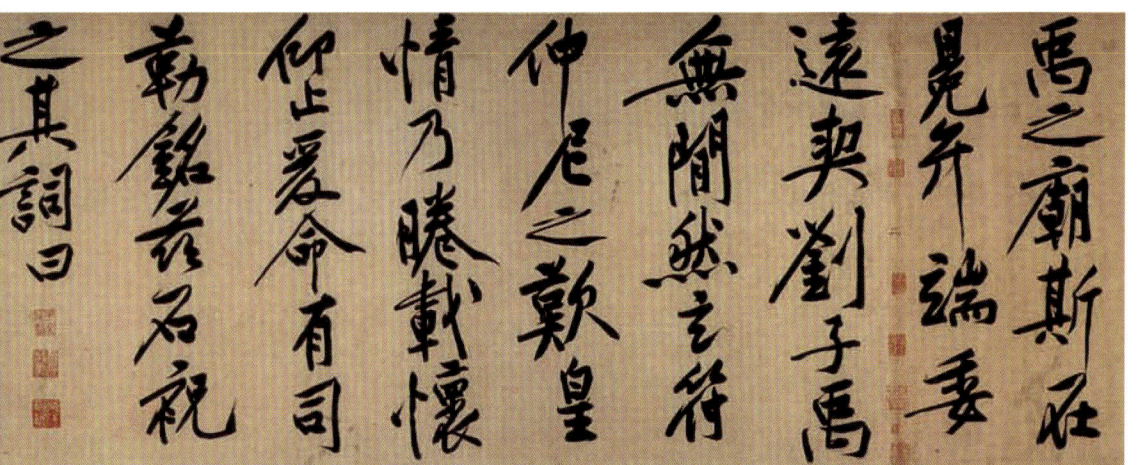

北宋书法家黄庭坚的《砥柱铭》（局部）

《砥柱铭》近600字，长达8.24米，加上历代题跋总长近15米，是现存最长的黄庭坚大字行楷。

万无一，我从故府得百枚（一枚即为一张）。"为了与朋友分享自己的喜悦，他当即给自己的前任欧阳修送去十枚。欧阳修见老友送来神往已久的澄心堂纸，也惊叹不已，以诗一首相和："君家虽有澄心纸，有敢下笔知谁哉？……君从何处觅此纸，纯坚莹腻卷百枚。"虽然自己手头上只有区区十枚澄心堂纸，但他还是毫不犹豫地又转赠给诗人梅尧臣两枚。梅尧臣睹物思人，感慨良多，也赋诗叹道："江南李氏有国日，百金不许市（买）一枚。当时国破何所有，帑藏（tǎngzàng，指国库）空竭生霉苔。"

从宋代三位文学大家相互赠送澄心堂纸的喜与叹，我们可以想见，澄心堂纸在千年前就已珍稀无比了，难怪到了明代，书法家董其昌在得到一张澄心堂纸后感慨道，"这纸真不敢在上面写字画画"了。

刘敞（1019~1068年），北宋史学家、经学家、散文家，字原父，新喻（今江西新余）人。庆历六年与弟刘攽同科进士，以大理评事通判蔡州，后官至集贤院学士。与梅尧臣、欧阳修交往较多。为人耿直，立朝敢言，为政有绩，出使有功。刘敞学识渊博，欧阳修称赞他"自六经百氏古今传记，下至天文、地理、卜医、数术、浮图、老庄之说，无所不通；其为文章尤敏赡"（欧阳修《集贤院学士刘公墓志铭》）。与弟刘攽合称为北宋二刘，著有《公是集》。

名人名帖名纸国宝

著名书法家、画家、学者、资深书画鉴定家黄君实有着多年的古书画鉴定经验，他断定北宋书法家黄庭坚的《砥柱铭》就是用南唐的澄心堂纸书写的。《砥柱铭》距今900多年，2010年6月3日北京保利春拍中，以3.9亿元落槌，加上佣金后总价达到4.368亿元！

《挑耳图》,一名《勘书图》卷。据苏东坡于北宋元祐六年(1091年)六月二日《跋南唐挑耳图》记载,此图先为著名画家王诜(晋卿)所有,王氏是宋英宗的女婿,家中有"宝绘堂",收藏极富。王诜之后,此图转入朝奉大夫王定国手中。此期此图名曰《挑耳图》,后经宋徽宗赵佶御题命为《勘书图》。画中士夫左手自然搁于椅子扶手上,抬起右手挑耳,面部稍稍右倾,左目微微闭成缝状,一种挑耳获得的快感跃然素绢之上。他身着白衣敞开胸襟,长须顺柔下垂胸前,跷腿而坐,双脚赤露搭垫于鞋上,脚姆指上翘,与挑耳相呼应联系,一种闲适惬意的感觉被惟妙惟肖地表现出来。另外,衬景屏风、几案以及侍童布置得体,简洁大方,有条不紊,用笔流畅之中有顿挫变化。

王齐翰,金陵(今江苏南京)人,生卒年不详,五代南唐画家。后主李煜朝(961~975年)为宫廷翰林图画院待诏。工画人物、佛道宗教画,兼擅山水、花鸟,以画猿獐出名。好作山林丘壑,隐岩幽谷,无朝市风埃气,其画以笔法工细为特色。

黄君实因此感叹道:"《砥柱铭》实属中国书画市场有史以来出现的第一件特级巨宝!"

《挑耳图》用的是啥纸?

南唐时期遗留下的画作屈指可数,其中以《韩熙载夜宴图》和《挑耳图》(南唐宫廷翰林图画院待诏画家王齐翰创作,距今已有1000多年)最为珍贵。《韩熙载夜宴图》真品收藏在台北故宫博物院,一般不轻易展出。《挑耳图》这件珍贵到让人窒息的国宝级文物真品今藏在南京大学考古与艺术博物馆的库房,也鲜少拿出,而现在展出的是20世纪60年代南京博物院的书画专家仿制的作品。据说,当年专家复制了两件,除了在南京大学的这件外,另一件则藏于南京博物院。

关于《挑耳图》究竟是否是用澄心堂纸所创作,南京大学考古与艺术博物馆的负责人表示不太清楚,说这要请教有关专家。但南京地方志专家陈济民认为澄心堂纸为宫廷御用纸,而《挑耳图》就是李煜的御用画师所画,并且在《挑耳图》的左下侧还盖有李煜的"建业(今江苏省南京市的古称)文房之印",应该是用澄心堂纸所制作的。

五代南唐·王齐翰《挑耳图》,28.4厘米×65.7厘米,南京大学藏

> 草纸，又称手纸、坑边纸等，总称"土纸"，学名为"卫生纸"。因为它主要是以稻秆或麦秆为原料而抄造成的纸，故造纸专家认为其实应该称之为"稻麦秆纸"。

生活不可缺的草纸

范宁

范宁（约339~401年），字武子，南阳顺阳（今河南省淅川县李官桥镇）人。晋徐兖二州刺史范汪之子，东晋经学家，曾任豫章太守。范宁亦是《后汉书》作者范晔之祖父。

草纸的过去时

草纸最早为我国古代纸工所制作，这应该是没有疑问的，但它起源于何时？唐初的虞世南在《北堂书钞》书里引东晋范宁在浙江担任余杭的县令时对属下发布的命令说："土纸不可作文书，皆令藤角纸。"范宁是东晋余杭的县令，因此有人认为土纸即草纸，早在东晋就已出现。县令大概不会是个文盲，草纸不可拿来写字，那做什么用？今天的造纸专家作了大胆的推测：最有可能是用来充当祭祀的"纸钱"和卫生纸了，以利于节约已用于写字作画的麻纸和皮纸。南北朝时的颜之推在《颜氏家训》里也说过："吾每读圣人之书，未尝不肃敬对之，其故纸有五经词义及贤达姓名，不敢秽用也。"这其中包含的尊敬佳纸的意思与范宁应该类似。

草纸的制作比较简单，就是把稻秆或麦秆用石灰水沤烂，再经过捶打而制成。当然，除了稻、麦秆外，古代纸工因地制宜，也用芦苇、芨芨草、高粱秆、玉米秆、龙须草等作原料。直到现在，草类纤维仍是我国手工造纸的主要原料之一。

小草纸大功用

古代劳动人民大都没文化,也没钱购买写字作画的好纸,而草纸作为一种价格低廉又不可缺少的纸张,在老百姓的生活中就扮演了重要的角色,如上厕所用的"手纸"、祭祀用的"纸钱",以及包装用的"草纸"等。

卫生用纸

上厕所用"手纸",这在今人看来是司空见惯了;但在古代,开始使用坑边纸的那一刻,却是人类脱离"动物性"迈向文明社会的重要一步呢!据钱存训在《中国纸和印刷文化史》一书中所说:"唐大中五年(851年)有位阿拉伯人从中国返回中东住地后写道:'他们(指中国人)不甚注重洁净,日常排泄后不用水洗,只用草纸去擦拭。'"唐朝诗人元稹也有诗曰:"麦纸浸红点,蓝灯焰碧高。"这里的"麦纸"自然指的是草纸了,这说明草纸在那时已经很普及了,给生活提供了极大的便利!

到了明朝,封建等级制度更加森严,就连在宫廷内使用的草纸都分化为两种:一种是香草纸,这种纸喷洒了香水或制作时加入香料,专供帝、后、妃使用;还有一种是普通用纸,质地粗糙、价格低廉,供监、婢、役使用。到了清朝,草纸的使用更为普遍,清初甚至已经出现了提供草纸的公厕。

草纸更名为卫生纸大概是在20世纪30年代以后,欧洲的机制卫生纸传入中国,此后几十年中,洋卫生纸融入大众人们的生活,草纸节节败退,逐步被淘汰,只有少量偏远和穷困山区的人仍然在使用。

迷信用纸

迷信用纸,也叫民俗用纸或祭祀用纸,俗称黄表纸、火纸、纸钱(又称冥纸)、金银锭、寿衣纸。起

清初话本小说《照世杯》第四卷"掘新坑悭鬼成财主"里提到这样一个故事:

湖州乌程县义乡村上,有个姓穆的老汉,当时所住的村庄因为交通不便,离城较远,又没有水路可以通粪船,所以乡间使用的肥料,大多靠"在远近乡村田埂路上拾地残粪,这粪倒比金子还值钱"。穆老汉一次在城中见到公共厕所,人们要付钱来使用,便想到了一桩生意。回村后,他把家里的几间房改造成了公共厕所,请人起了名字,厕所的墙壁上还画上好看的图画,又做了百十份的广告,远近张贴,说是"穆家喷香新坑,奉求远近君子下顾,本宅愿贴草纸",一下子生意兴隆。上厕所不收钱,还发给草纸,引得村民们都来光顾。甚至有女人专门来问有没有女厕所,于是老汉又开了一间女厕所。他把厕所中收集的粪便,按一钱银子一担出卖,没钱的也可以用柴、米、油等物来换。结果,曾经家道中落的穆家,一下子兴旺起来,穆老汉成为远近闻名的财主。

初，随葬品用真钱真帛。南齐东昏侯萧宝卷提倡"剪纸为钱，以纸代替束帛"，到了南宋时期，祭祀用纸习俗遍及全国，并传向周边国家与少数民族。上至皇帝葬礼，下至民间祭祀，大多都使用纸钱（是将堆码、对齐的草纸裁切成一定大小尺寸后，再使用木槌、铁锥加工打"钱眼"，故名"纸钱"）。

师傅正在打"钱眼"

黄表纸为黄色，薄匀、轻软。黄表纸在菩萨或牌位前点燃以后，烧时呈现卷曲块状，否则，就是"老大不恭"。在一定的范围内，生产一些民俗用纸是国家政策允许的。现在我国祭祀还在用这种纸。

除了卫生用纸和迷信用纸，草纸还作为包装用纸，如在南宋出现了用草纸包裹火药扎成卷形的炮仗。有些地区的人们还拿草纸入药，如将草纸搓成纸煤沾陈年茶油用火点着炙烤疱疹等。

宣纸的含草量

你可能没想到吧！作为国宝级的珍贵的书画用纸——宣纸，走的是高端路线，怎么会与极接地气的草纸有关呢？

事实上，宣纸在明朝以前全是用青檀皮纤维造的，但到了清朝就改变了用料比例，有了全皮、半皮、七皮三草的区别。由于青檀皮有限，纸工们经过长期实践发现，以青檀皮和沙田稻草按照不同的比例混合造纸，可以得到不同性能的宣纸。因此有人说，用青檀皮与沙田稻配合制作宣纸，皮是宣纸的骨干，草是宣纸的肌肉，皮多则纸坚韧，草多则纸柔软，皮草结合，则宣纸兼坚韧与柔软于一身，宜于书画。不过这种稻草必须是沙田稻草，因为沙田稻草较之普通稻草造纸有成浆率高、纤维韧性强、不易腐烂、提炼白度（指日光漂白）易等优点。所以我们说，宣纸实际上是一种混料造纸，其中草就是不可或缺的重要原料。

准备制作草胚的沙田稻草

摘自中华造纸艺术画谱

宋元造纸繁荣辉煌

"江山代有才人出，各领风骚数百年"，每个朝代不仅会有人才青史留名，也会"代有名纸出"。漫步宋元纸苑，那一片片精美绝伦、流光溢彩的名优佳品，无不闪烁着璀璨夺目的艺术光辉，令人叹为观止！造纸术的繁荣促进了宋元书画艺术和文学艺术的蓬勃发展。宋元时期商品经济发展、社会世俗化程度更高，纸在社会上的用途更加广泛，放风筝、玩纸牌、剪窗花等这些现代人比较熟悉的民俗活动也正是在那个时期兴盛起来的。

北宋竹纸春膏可鉴

随着社会文化的发展，纸张的用量也在不断增加，原有的麻料和皮料远远不能满足造纸业的需求，因而迫切需要开发出新的造纸原料。我国竹资源非常丰富，遍布南方山区，可用于造纸的竹类就有50多种。麻纸和皮纸制造技术的成熟也为开发利用新的原料、生产新的纸种在技术上做好了准备。于是，以竹纤维为原料的竹纸应运而生，在宋代造纸舞台上独领风骚。

《山居雅乐图》

竹纸起源竟是个谜

在历史上，竹纸究竟产生于什么朝代，至今仍然是个未解之谜。宋初苏易简所著《文房四谱》记载"江浙间有以嫩竹为纸"，但是那时的竹纸因纸质的松脆而不过关。所以直到北宋中期，大文学家苏东坡还这样说："今人以竹为纸，亦古无所有。"但无论如何，根

《珊瑚帖》

据唐代李肇《国史补》"韶之竹笺"一语记载，这种"古无所有"的竹纸，至迟应该在中唐的宪宗元和年间（806~820年）、广东的韶关一带，就已开始了生产。其后直至11世纪末，著名书法家米芾在晚年时才开始用竹纸作书，创作了一幅竹纸书法作品《珊瑚帖》。

文人们最爱用竹纸

竹纸具有独特的润墨性和渗透性，毫之所至，墨的肥瘦疏密、深浅浓淡跃然纸上，具有很强的艺术表现力。宋代人将绍兴竹纸（越纸）的优越性归纳为五点：一是纸质光滑细腻，二是容易发墨，三是行笔流畅不泄，四是收藏年代久远而墨色不褪，五是不易遭虫蚀。（除了最后一点不确之外，其他的却也没夸张）因此，从宋代起竹纸便跻身书画领域，并很快赢得了书画家们的青睐。宋代书法家薛道祖对越州（今浙江省绍兴市）竹纸推崇备至，曾有诗颂曰："越纸滑如苔，更加一万杵。自封翰墨乡，一书当万户。"米芾对越州竹纸也是赞不绝口，他认为越纸光透"如金版"，曾赋《越州竹

《珊瑚帖》，竹纸，浅黄色，纸上竹纤维较多。据说这是迄今发现最早的用竹纸书写的作品。《珊瑚帖》曾经南宋内府，元代郭天锡、季宗元等，清代梁清标、王鸿绪等递藏，后归著名的收藏鉴赏家张伯驹所有。1956年，张伯驹将该作捐献给文化部文物局，现藏于北京故宫博物院。

米芾（fú）（1051~1107年），字元章，号襄阳漫士等。因他个性怪异，举止颠狂，遇石称"兄"，膜拜不已，故人称"米颠"。宋徽宗诏为书画学博士。米芾能诗文，擅书画，精鉴别，书画自成一家，创立了米点山水。集书画家、鉴定家、收藏家于一身。

宋应星

宋应星和他的《天工开物》：宋应星（1587~约1666年），字长庚，江西奉新县北乡雅溪牌坊村（今宋埠镇牌楼村）人，明朝著名科学家。宋应星在商品经济高度发展、生产技术达到新水平的条件下，在江西分宜教谕任内完成《天工开物》一书。《天工开物》是世界上第一部关于农业和手工业生产的综合性著作，是中国历史上伟大的科技著作，其特点是图文并茂，注重实际，重视实践，被欧洲学者称为"17世纪的工艺百科全书"。它对中国古代的各项技术进行了系统的总结，其中许多生产技术一直沿用到近代。

《天工开物》

纸》诗相赞：

越筠万杵如金版，安用杭油与池茧。

高压巴郡乌丝阑，平欺泽国清华练。

诗中提到的杭州油拳山纸、池州茧（皮）纸、巴郡乌丝阑纸和泽国青练纸，都是古代的名纸，但在米芾眼里，它们竟然都比不上越纸。大文豪苏东坡亦喜用竹纸，据说"东坡作书，竹纸居十之七八"，而他最爱的也是越州竹纸。王安石好用小竹纸，"士大夫翕（xī）然效之"（《嘉泰会稽志》）；还有该书中提及的"姚黄""学士""邵公"等也都是借重达官士人之名。因而唯独竹纸得以名冠天下，使过去著名的越州藤纸退居其后了。

精湛的造竹纸工艺

南宋书法家陈槱（yǒu）在《负暄野录》一书里，详细地描述了越州竹纸的制作方法："今吴人取越竹（以越地的竹子作原料），以梅天水淋（以雨水淋浸，发沤），曝令稍干，反复捶之，使浮茸去尽，筋骨莹澈（只留下白色而又特别有劲儿的纸浆），是谓春膏。其

李佳琪学习抄纸图

图示抄纸，是作者之一李佳琪2013年暑假期间在山西定襄县蒋村考察时跟造纸师傅学习抄纸，旁边站立者为当地的抄纸师傅。

色如蜡，若以佳墨作字，其光可鉴。故吴笺近出，而遂与蜀产抗衡。"这就是说，吴人将越地的竹纸再行加工，制成了一种与蜀产竹纸质地相仿的竹纸（春膏纸）。

宋元以后到了朱明一代，竹纸的制作工艺得到了进一步的提升，尤其是在《天工开物》一书里，作者宋应星对当时的南方造竹纸的工艺做了图文并茂的详细描述，现在简述如下。

1. 斩竹漂塘

竹纸的制作首先是要"杀青"。所谓"杀青"就是要将砍下来的嫩竹放在水中浸泡到符合造纸的要求程度，取出后用棒槌捶打，使青壳和树皮脱掉，目的是让竹材软化。图1"斩竹漂塘"中表现的就是古代纸工浸泡竹节的场景。

2. 煮楻足火

制作竹纸的第二个工序是将竹料拌入石灰水浸在木桶中蒸煮八个昼夜，以达到将竹子中的木质素、树胶、树脂等有机杂质除去的目的。然后取出蒸煮的原料放入清水塘内进行漂洗，再放进锅里浸石灰水蒸煮，如此反复进行十几天。经过反复地蒸煮、漂洗，竹子的纤维就逐渐分解出来了。

3. 荡料入帘

制作竹纸的第三个工序是取出煮烂的原料放在石臼里用力舂成泥浆状，然后用适量的水调配，使原料中的纤维得到彻底的浸透，以便能够成为纸纤维的悬浮液，再将其倾倒入纸槽里面。接着用细竹帘在纸浆中摇晃抄取，最后过滤掉多余的水分，一张湿纸就粘留在竹帘上了。

这个工序在造纸过程中是最费力的，抄纸的工匠站在纸槽旁重复着舀水、抬起竹帘等动作，每次承受的

明宪宗成化年间（1465~1487年）的竹纸

正面平滑，背面稍涩，质地略有绵性，表面有竹筋、草屑，纸质较厚。我国南方盛产竹子，竹林山区多造竹纸，产量也居首位。竹纸经济实用，书写、印刷用此纸较为普遍。

斩竹漂塘

煮楻足火

重量达20公斤。另外抄纸时还得靠经验,抄得轻纸会太薄,抄得太重纸又会太厚,这完全凭工匠的手法。

4. 覆帘压纸

第四个工序是将附有湿纸的竹帘倒扣在压榨板上,然后小心地移开竹帘,这层纸页便落在了板上。慢慢堆叠起一层层的纸页,再以重物挤压,排出其中的水分,如此一张张四方形的纸张便成形了。一般来讲,每日每个工匠平均只能造300到500张纸。

5. 透火焙干

制作竹纸的最后一个工序是透火焙干。焙干纸张预先要修两道用土砖砌成的夹巷,焙纸时先在夹巷内生火,通过火道中柴薪的加热,使热气上升而烘热外部的墙面,然后将一张张湿纸摊在墙上,待其烘干后,揭下来就是一张张可以使用的纸了。

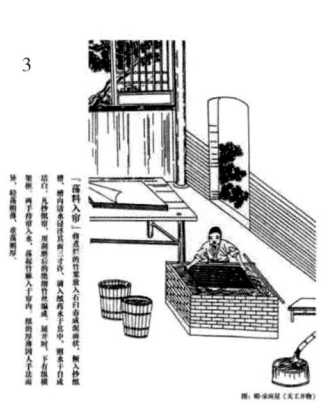

荡料入帘

覆帘压纸

透火焙干

晋代顾恺之的名画《女史箴图》（局部）

大纸绘画传世国宝

纸本绘画晚出

由于绘画用纸的要求更严格，早期的纸并不适合作画，因此纸用于书法要比用于绘画早一些。过去习惯用绢绘画，如晋代顾恺之的名画《女史箴图》就是一幅绢画。用纸绘画大约是从唐代开始的，当时用纸多以麻纸为主。唐代有纸本绘画传世，唐代韩滉用皮纸画的《五牛图》就是一张最早的传世纸本绘画。

五代时山水画，尤其是水墨山水画进入了成熟阶段，画家体味生活，将所见自然环境的特色，用不同技法加以再现，形成了不同的地域流派（在北方，以荆浩、关仝师徒为代表，俗称"荆关"；在江南，以董

随着造纸技术的成熟发展，纸张开始作为绘画底料而发展出新的用途，为隋唐五代的绘画艺术成就提供了可能。尤其造纸工艺的进步促使了巨幅纸张的产生，在此基础上创造出来的大型绘图，有助于隋唐绘画的题材扩大和场景细化，方便大场面入画，也可以说与唐代壁画有异曲同工的妙处。

荆浩（约850~?），五代后梁著名画家，字浩然，号洪谷子，博通经史，并长于文章，山西沁水（今属晋城市）人。师从张璪（唐代著名书画家），擅画山水，常携笔摹写山中古松。自称兼得吴道子用笔及项容用墨之长，吸取北方山水雄峻气格，作画"有笔有墨，水晕墨章"，勾皴之笔坚凝挺峭，表现出一种高深回环、大山堂堂的气势，为北方山水画派之祖。所著《笔法记》为古代山水画理论的经典之作，提出气、韵、景、思、笔、墨的绘景"六要"。现存作品有《匡庐图》《雪景山水图》等。

关仝（约907~960年），长安（今陕西西安）人，五代后梁著名画家。早年师法荆浩，刻意学习，几至废寝忘食。他所画山水颇能表现出关陕一带山川的特点和雄伟气势。北宋米芾说他"工关河之势，峰峦少秀气"。关仝在山水画的立意造境上能超出荆浩的格局，而显露出自己独具的风貌，被称为关家山水。他的画画风朴素，形象鲜明突出，简括动人，被誉为"笔愈简而气愈壮，景愈少而意愈长"。关仝传世作品有《山溪待渡图》及《关山行旅图》等。

多人抄帘

源、巨然师徒为代表，俗称"董巨"）。地域流派的形成和用墨技法的特点正反映出当时对书画用纸的高要求。造纸业发展到了一定阶段之后，书画用纸的制造技术逐渐完善，从而产生可专用于绘画的纸张，再加上书籍装帧的推动，卷轴山水画兴起。

宋元以后，由于更适用于书画的宣纸的广泛应用，除少数书画家还用皮纸外，宣纸取代皮纸成为主要书画用纸。

大纸"长如匹练"

东晋时有一种长丈余，它是长度达到五十尺为一幅的纸张。要制作这种大纸，在造纸技术上有很高的要求：纸张的面积有多大，造纸时竹帘的面积就要有多大。要抄造多少丈的大纸，就要有长度与之对应的竹帘，这么大的竹帘显然仅经一人之手是无法完成操作的。那么，造大纸就需要"两人对举荡成"，如果纸张再大一点，甚至还需要"数人方胜其任"，例如几十尺的巨幅纸张就需要"数十夫举帘抄之"。但是几个人同

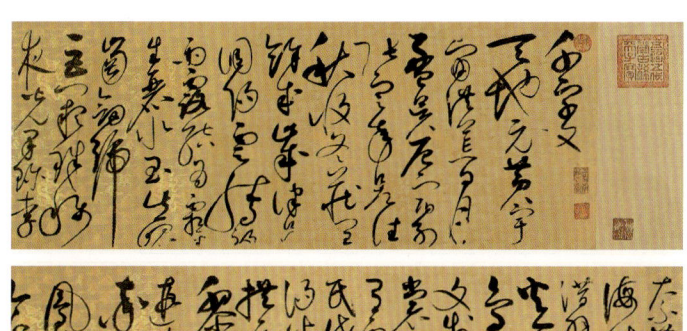

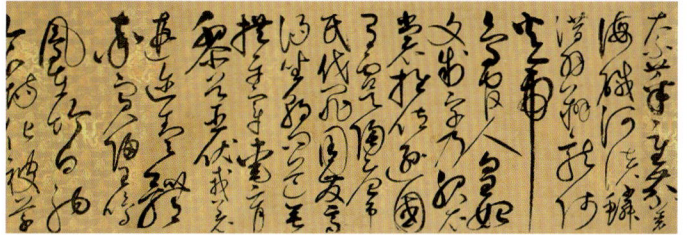

宋徽宗赵佶草书《千字文》长卷（局部）

董源（934~约962年），五代南唐著名画家，南派山水画开山鼻祖。字叔达，江西钟陵（今江西进贤县）人，擅画山水，兼工人物、禽兽。其山水初师荆浩，笔力沉雄，后以江南真山实景入画，不为奇峭之笔。疏林远树，平远幽深，皴法状如麻皮，后人称为"披麻皴"。山头苔点细密，水色江天，云雾显晦，峰峦出没，汀渚溪桥，率多真意。米芾谓其画"平淡天真，唐无此品"。画史上把董源、范宽（北宋著名画家）、李成（五代宋初著名画家）三人并称为北宋初年的三大家。存世作品有《夏景山口待渡图》《潇湘图》《夏山图》《溪岸图》等。

时操作一张竹帘，抄造一张大面积的纸张，不是一件容易的事情，因为每个人的动作有先有后，有快有慢，这样就会把抄造出来的纸张毁掉。为了协调动作，就需要用号令来指挥行动，这样抄成的纸张才能"匀薄如一"。

到了宋代，当时的造纸技术已经能够直接制造长达三丈至五丈的巨幅纸了。其中的纸张代表种类就是"匹纸"（明代屠隆在《考盘余事·纸笺·宋纸》中有言："有匹纸长三丈至五丈，陶谷家藏数幅，长如匹练，名'鄱阳白'。"，这种匹纸产量低、价格高，故少有样品传世，如流传至今的宋徽宗草书《千字文》长卷便是其中稀有者之一。《千字文》写在整张描金云龙底纹的白麻纸上，纵31.5厘米，横1172厘米。据传这种纸张是当时宫廷的特制，其制作工序需要上百道，制造和加工技艺令人赞叹不已，可惜今已失传。专家分析，在当时的条件下，要生产这么长的无接缝的纸张，可能要在江边把船舶排列成行，然后浇上纸浆，使之均匀，待

巨然（原姓名不详，生卒年不详），五代南唐、北宋初著名画家，僧人，钟陵（今江西进贤县）人。师法董源，专画江南山水，所画峰峦，山顶多作矾头，林麓间多卵石，并掩映以疏筠蔓草，置之细径危桥茅屋，得野逸清静之趣，深受文人喜爱。以长披麻皴画山石，笔墨秀润，为董源画风之嫡传，对元明清以至近代的山水画发展有极大的影响。有《万壑松风图》《秋山问道图》《山居图》等传世。

宋徽宗，名赵佶（1082~1135年），是宋朝第8位皇帝，具有相当高的艺术造诣。赵佶的书法自成一家，后世称"瘦金体"。草书《千字文》为赵佶40岁时所书，正是其盛年书艺成熟期的精品巨制。此卷草法当出自怀素狂草一派，富有一种似音乐旋律的美感，一气呵成，丝毫察觉不到涩滞的痕迹，而笔势劲利流畅，跌宕起伏，变幻多姿，极奔放驰骋之致，毫不亚于唐代草书书圣张旭与怀素，是不可多得的珍品。此卷自问世之后，历经各代收藏家珍藏，后入藏于清内府，现藏于辽宁省博物馆。

韩滉（723~787年），字太冲，京兆长安（今陕西西安）人。唐代画家，宰相，太子少师韩休之子。韩滉天资聪颖，幼有美名，能书善画，长于隶书，章草学梁侍中，草书得张旭笔法，亦工篆草；画远师南朝宋陆探微，擅画农村风俗景物，写牛、羊、驴等走兽神态生动，尤以画牛"曲尽其妙"。南宋陆游赞其画："每见村童牧牛于风林烟草之间，便觉身在图画，起辞官归里之望。"与韩干齐名，画迹有《田家风俗图》等36件，著录于《宣和画谱》。

自然干燥而成。巨幅"匹纸"的出现，充分反映出当时造纸工人的智慧和创造精神，也表明了当时造纸技术的进步。

神奇的《五牛图》

《五牛图》是唐代画家韩滉的传世孤本，它是目前所知最早作于纸上的绘画，纸质为麻料，纵20.8厘米，横139.8厘米，具有唐代纸张的特点。因此，不论是其艺术成就还是历史价值都备受世人的关注。

画中的五头牛，形象各异：低头食草、翘首前奔、纵趾而鸣、回顾舐舌、缓步跂行，线条流畅精妙，形神俱佳。每一头牛既可独立成图，相互间又能首尾连贯，彼此顾盼，五头牛的神态融汇于一体。整个画面用笔粗放中带有凝重，显示出了作者高超的构图和造型能力。

《五牛图》与部分题跋

《五牛图》的创作背后还有一个民间传说：有一次，韩滉与友人谈论绘画之事，友人问韩滉如何进行对牛马等普通家畜的创作。韩滉回答说："因人们对家畜十分熟悉，画家稍有不慎，人们就能发现，所以一般画家都不涉及此类题材。不过，我以为自古迄今，农事为天下之本，而耕牛则为农家之宝。只要画家能够细心观察，还是可以画出特色的。"友人听了非常佩服他的独到见解。而就在一个天气晴朗的日子里，韩滉来到郊外田间小道上，看到几头耕牛在低头食草，田间三两牧童在嬉戏，韩滉就在当时当地全神贯注地速写出一幅耕牛图景。又经过一个多月的反复修改，终于绘出状貌各异的五头牛来。有人称韩滉画五牛是比喻自己兄弟五人，用勤劳而恭顺的牛的品性来表达自我内心为国为君的情感，是以物寄情。

韩滉的《五牛图》自问世后，便受到人们的喜爱。到了宋代，一直被宫廷珍藏。到了元代，经过战乱，此画为书法大家赵孟頫收藏。他喜出望外，亲自为《五牛图》题跋，称赞此画"神气磊落，希世名笔"。明代项元汴曾藏，后入清代内府，清末流散宫外。新中国成立后，1952年文化部文物局以重金由香港购归，并拨故宫博物院所珍藏，遂成为故宫现藏数量极少的唐代绘画杰作之一，属国家级的文化瑰宝。

金粟寺

千年古刹金粟山纸

> 金粟山藏经纸是宋代名纸。因发现于浙江省海盐县的金粟寺，而寺中藏有北宋时的大藏经，在抄经纸上有朱印"金粟山藏经纸"，故以此命名。它的特点是纸质厚重、纹理粗、精细莹滑、防蛀抗水、久存不朽，虽历千年犹如新制，甚为名贵。

千载沉沙金粟寺

"天下名山僧占多"，在海盐县澉浦镇茶院金粟山下，曾有一座在江南历史上最古老、地位堪与宁波天童寺相匹的三国古刹——金粟寺。金粟寺始建于三国吴赤乌年间，距今已有近1800年的历史，建寺人是从西域前来中国传法的康居国沙门僧会。唐末，武肃王钱镠至此施茶，赐号"施茶院"；宋大中祥符年间改为"广慧禅院"；明初，太祖朱元璋遣使进香，天启时高僧密云圆悟在此开堂说法，僧侣达千人，弟子遍江浙，圆悟成为临济宗中兴之祖；清初，顺治、康熙、雍正三朝，一再御赐墨宝"心经"和楹联。金粟寺以历史久、规模大、高僧多、文物盛而著名。寺内殿宇庄严，楼堂参差，山清水秀，环境幽静，自古以来就是一处旅游之地，历史上多有骚人墨客到此地吟诗作画，因而闻名遐迩。金粟寺的景色在明代被列为海盐十二景之一，名"金粟烟霞"。还有不少文人因热爱金粟寺，特地把自己的书斋、著作命名为"金粟"。嘉庆间金石学家张燕昌更是以"金粟山人"名其别号。由此，金粟寺的广泛影响可见一斑。

镇寺之宝金粟笺

在历史上，金粟寺的镇寺之宝当首推康僧会身像，其次则为宋笺藏经。据《金粟寺志·藏经阁》载："宋熙宁间（1068~1077年），笺书大藏经六百余函，并高宗御书法帖十卷，珍祟于此。"《佛学大辞典·藏经纸》载："金粟山藏经纸，纸上间有元丰（1078~1085年）年号。"根据两者所载，可知金粟山藏经是北宋神宗时期（1068~1085年）所书。其数量有五千余卷，分装六百余函，由昆弟五人书就。此外，《佛学大辞典·藏经纸》还记载："海盐金粟寺，为唐宋以来古刹，有藏经千轴，用硬黄茧纸书之，纸背每幅有小红印，曰'金粟山藏经纸'。"由此可知，金粟笺由唐代的硬黄纸发展而来。黄纸适合涂擦黄蜡，所以流传到宋代逐渐变成一种专门的加工纸，就是后来苏州造纸工匠生产的"金粟山藏经纸"。这是一种供奉用纸，金粟寺的僧侣专门用此纸抄写佛经，深藏寺内。宋代后，金粟笺的制作技术就已经失传了。到了清代乾隆时期，有人曾试图重新制作金粟笺，但因昔日秘样一去不复返，人们终究无法再生产出货真价实的金粟笺。因而出现金粟笺仿品，浅玳瑁色，有淡色的圆斑，盖有朱红色的"乾隆年仿金粟山藏经纸"的长方印章。

康居国，东汉时是西域三十六国之一，领地很大。据《后汉书》记载，康居国"去长安万二千里"，跟当时的大月氏属于同种，在汉朝初年国势颇盛，拥有现在新疆北境以及苏俄的中亚之地，形成中亚地区月氏、康居、安息三个大国鼎立的局面。到了晋时，他们对于中国仍然十分归顺，曾经遣使入朝。唐代时，这个国家仍然存在，被称为康国。

沙门，乃西域方言之转音，又作沙门那、沙闻那、娑门、桑门、丧门，为出家者之总称，通于内、外二道。亦即指剃除须发，止息诸恶，善调身心，勤行诸善，期以行趣涅盘之出家修道者。

金粟寺的开山祖师康僧会，是我国佛教史上最负盛名的神僧之一，他好学博览，通晓天文、谶纬之学，尤娴经律。三国吴时，江南尚无佛寺。赤乌年间（238~251年），康僧会至吴国首都建邺，翻译佛经，并为吴大帝孙权祈获释迦文佛真身舍利，孙权为之设塔并始创建江南三寺，即海盐金粟寺、金陵（今南京）保宁寺、太平（今安徽）万寿寺，于是江南佛法始兴。（参见《金粟寺志》）

金粟山藏经纸，最初名叫由拳纸，是有记载的在海盐一带造的最早的纸。东晋时的士大夫很喜欢用它作书法、绘画。到了唐、五代，这种纸作为专用藏经纸，为金粟山房抄写藏经，也为朝廷抄写藏经，藏在皇家各大寺庙中。宋以前的金粟纸已失传，现在说的金粟纸专指宋代的金粟山藏经纸。元时，海盐除了完成朝廷要求进贡的藏经外，还额外担任了200部藏经的抄写进贡任务。这些藏经用的纸全是宋代的金粟山藏经纸。宋以后，金粟纸没有再生产。随着时间的推移，金粟纸成了古董，是书画名家必求的上品，因此被文人和古董商所珍视。现代科技检验的结果表明，金粟山大藏经是用不同的原料纸写成，其中有麻纸，也有桑皮纸，以皮纸居多，纸呈黄色或浅黄色，表面施加蜡质，再经砑光处理，因此帘纹不显，纸质发硬，黄药濡染后发黄，具有防虫功能，故久存不朽，甚为名贵。

宋代《金粟山大藏阿毗达摩法蕴足论卷第一卷》，总长857.7厘米，高27.8厘米，共由15张经纸粘接而成

文人墨客金粟影

由于金粟寺宋笺藏经的用纸特别优良，所以后人给了它一个专有名词——金粟笺，以示珍贵，并在上面或书或画。宋、元、明时期，不少名画就是画在金粟笺上。20世纪80年代初，海盐县博物馆收藏到一幅明代大画家文徵明画在金粟笺上的《枯木幽兰图》，其上有一长方形印，曰"金粟山藏经纸"，楷书，阳文，红色。画纸俱佳，经鉴定被评为国家二级文物。此外，上海博物馆文房四宝展室中也有金粟笺陈列。随着社会的发展，后来寺院藏经由写经发展为印经，在金粟寺里，有明清时期的"刷印楼"。除佛经外，还印刷本寺高僧大德的著作。据《金粟寺志》记载：密云圆悟有"语录十二卷刊印，板存印楼上"；费隐通容有语录十卷、别集若干卷；百痴行元有语录十五卷；孤云行鉴有语录和别集若干卷，均刻行，板存印楼上。

才貌双全的玉版纸

> 玉版纸又称玉版笺，宋代纸名。它最初是由使用稀薄的浆糊，将两张或多张白纸裱糊在一起而制成的厚纸，后改进捞纸方法而得之。玉版纸光洁匀厚、莹润坚毅，适于作书绘画与雕版印刷。

众说纷纭溯本源

自古以来，玉就是洁白坚韧的代表，以玉为名的纸，足以见其光洁坚致之貌。玉版纸以莹润如玉而芳名远播，那它所用的原料是什么呢？且看诸位大家的记载。

宋代诗人苏轼写有《孙莘老寄墨四首》诗，其中第三首的原文是：

溪石琢马肝，剡藤开玉版。
嘘嘘云雾出，奕奕龙蛇绾。
此中有何好，秀色纷满眼。
故人归天禄，古漆窥蠹简。
隃糜给尚方，老手擅编划。
分余幸见及，流落一叹报。

此诗的第一句就说明，玉版纸用的原料可能是藤树，即浙江剡溪所产的古藤。

南宋·袁说友在《蜀笺谱》中则介绍："今天下皆以木肤为纸，而蜀中乃尽用蔡伦法，笺纸有玉版，有贡余，有经屑，有表光……玉版、贡余，杂以旧布破履……乱麻为之。"这就是说，玉版纸可能是用各种麻类纤维所造，因为它跟其他不同品名的纸所用的原料是一样的。

南宋·陈耆卿在《嘉定赤城志》中称："今出临海者曰黄檀，曰东陈，出天台者曰大滃，出黄岩者以竹穰为之，即所谓玉版也。"这本书里说玉版纸是用竹子生产出来的。

苏轼雕像

宋代大诗人黄庭坚《豫章集·次韵王炳之惠玉版纸》诗曰："古田小笺惠我百，信知溪翁能解玉（玉版纸）。"元代朱庭玉《行香子·寄情》曲："会语应难，修书问候，铺玉版（纸）写银钩，寄与娇羞。"近代李伯元著的长篇小说《文明小史》第六十回"一分礼耷动骨董名家"里，就描写了一个专拍上司马屁的长安县县令苏又简，趁平中丞生日，特地打发家人为他送上了一份厚礼，其中就有"唐六如（伯虎）的《地狱变相图》的手卷，的确真迹，装潢得也十分华美，是宋五彩蜀锦的手卷面子，上面贴着旧宣州玉版的衬纸，澄心堂粉画冷金笺的签条，题签的人是太仓王揆（清顺治进士，工诗）"。不仅如此，晚清、民国印金石、书画册等也多有用玉版纸的。

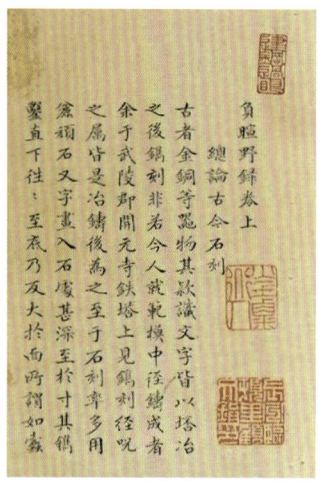

《负暄野录》书影

那玉版纸到底是用什么原料制造的？是藤，是竹，是麻？还是别的什么混合料？目前还没有一个确凿的定论，有待进一步研究。

挥毫印刷两不误

北宋人陈槱在《负暄野录》一书中说："新安玉版，色理极腻白，然纸性颇易软弱。今士大夫多褫而后用，既光且坚，用得其法，久方不蒸蠹。"这段话的意思是，新安所产之纸被命名为玉版，纸色细腻又洁白。不过，这种纸的质地不大好，似乎强度不够，文化人士设法用褙糊进行加工，质量便大有提高，光洁坚毅，即使存放很久，也不会遭虫蛀。但是，正所谓"师傅领进门，修行在个人"，各人的手法不一，成纸的品性也有高低。某些纸坊的师傅遵循了"加厚""更新""增强"的建议和观念，采取一系列的办法来提高纸的品质，即后来所命名的"单、夹、匹、贡、屏、连、层、重"之说（当然，以上的具体操作属于"独家秘方"，完全依靠师徒手口相传，在文献中很难找到它们的踪影）。在激烈的市场角逐下，那些虚有其名的玉版纸纷纷"落荒而逃"，仓促"下架"，只剩下那些高品质的玉版纸，笑傲江湖，独领风骚。

宋末元初，写意派的画风骤起，挥毫泼墨，笔力劲健，对画纸的强韧性要求急剧提高。玉版纸厚实，能够承受浓墨笔触的压力，使用此纸的人也"跟风""赶潮流"，因此玉版纸销量大增，成为市场的主角。与此同时，宋代的雕印工艺成就很高，版式、字体十分讲究，刀法精致，玉版纸能很好地满足印刻要求。宋代的雕印工艺，可以参见绍定二年（1229年）刻印的《昌黎先生集考异》和咸淳年间

（1265~1274年）刻印的《河东先生集》，它们都清楚地表现出了宋版书的特色：字体端庄、秀劲古雅，墨色香淡，纸面莹润，具有很高的艺术价值。

各展芳容竞风流

从宋末起，就有人把品质较高的两层单生宣合起来而制成一种洁白厚实的宣纸，取名玉版宣。这种纸质厚实、洁白绵韧的玉版宣瞬间就在宣纸中艳压群芳，成为画家们的宠儿。这里需要指出的是：玉版纸是白纸的复合，而玉版宣是宣纸的复合，这是它们两者的不同之处。明、清以来，洁白的玉版宣进入宫廷后，更是成为众人眼中追逐的焦点。工匠们在总结以前经验的基础上进一步加工，创造了诸如染色、加蜡、砑光、施粉、描金、洒金银和加矾胶等多种新术，研发出来不少新品。比如明代生产的"宣德贡笺"，在制作技艺上较为精湛。这种加工纸有许多品种，如五色粉笺、金花五色笺、五色大帘纸等。清代以来这些仿制纸的小伙伴就更多了，尤其以康熙、乾隆年间的制品最为精细，且有传世纸品留存。还有一些创新的产品，如保存在故宫博物院内的"梅花玉版笺"，原是将数张皮纸同裱后得之，纸表施以粉蜡后，匠人再以泥金泥银精绘龟裂状冰纹并以冰梅梅朵缀饰，最后裁制成1.5尺斗方状完型纸基。纸质虽坚厚，但匀细且光洁平滑，润墨上佳。笺纸下角钤"梅花玉版笺"朱色隶书印，初见方得素馨芳洁之感耳。

质精貌美留佳话

玉版纸为了跟随社会发展的脚步，不断地提高自身品质，到明、清以后，步入了笺纸的行列，成为纸品中闻名遐迩的佼佼者。

手绘龙云纹纸　梅花玉版笺

中华再造善本

从2002年起实施至2007年完成的中华再造善本工程一期，国家共投入2亿元人民币出版的《唐宋编》和《金元编》，共758种、1394函、8990册，其中所选用的纸张就是以前为皇宫专用的优质的玉版宣纸，这种纸张偏碱性，防虫蛀，便于保管，被称为"千年寿纸"。

笺纸是一种印有诗画的小幅信纸，它供古代的文人墨客写信或题诗之用，因为上面常印有淡雅的图案，或山水、或花鸟、或人物，所以一直是文人雅士钟爱之物，唐时的"薛涛笺"、宋时的"谢公笺"在历史上都久负盛名。

将雅致精美的笺纸编辑成册是谓"笺谱"。由明代颜继祖辑稿、吴发祥刻印的《萝轩变古笺谱》（上、下册），堪称我国古代拱花木刻彩印笺谱之首，是中国早期木版双彩印精品。鲁迅早年与郑振铎一起编写《北平笺谱》《十竹斋笺谱》时，曾多次提及了这部笺谱。如今，《萝轩变古笺谱》已是一部国宝级的海内孤本，为上海博物馆所收藏。而胡正言的《十竹斋笺谱》影响更大，它在饾版、拱花技艺的运用上比《萝轩变古笺谱》更为成熟，同时代的人称其"汇古今之名迹，集艺苑之大成，化旧翻新，穷工极变"。郑振铎高度评价《十竹斋笺谱》是"臻往古美术图案之绝诣"。

明代是中国版画艺术发展的高峰时期，各种印刷品几乎无不附以精雕之插图，其中彩色套版精印成册，雅趣高绝，专供士大夫"清玩"。这些图册多选用玉版纸。明朝江宁人吴发祥刻印的《萝轩变古笺谱》（1626年）和徽州人胡正言刊刻的《十竹斋笺谱》（1644年），都是首次选用玉版宣来完成的，后来《十竹斋笺谱》还在鲁迅、郑振铎的合作下重新刊印。这种精细的厚纸更能符合饾版、拱花加工技术的要求，使纸笺印刷得更加精美，彰显了玉版纸的艺术价值和文化意义。看来，玉版纸不仅有其貌，更有其实，果真是才貌双全的好纸！

虽然后来随着社会的发展，吟诗作词不再是社会风尚，笺纸面临着英雄无用武之地的尴尬处境，玉版纸也受到排挤，但不可否认的是玉版纸依旧在文化传承中有着不可小觑的作用。

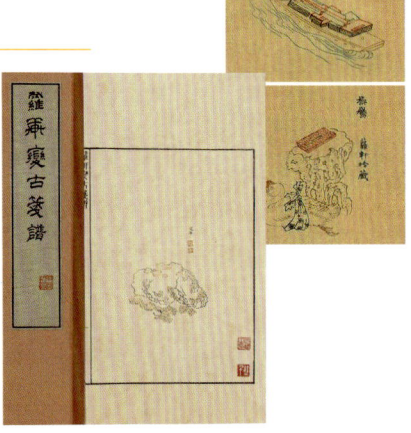

《萝轩变古笺谱》

《十竹斋笺谱》

明·文徵明《枯木寒泉》扇面

五光十色之谢公笺

"高富帅"谢师厚

高在身份

谢公,即谢景初(1020~1084年),字师厚,北宋人。也许人们对谢公不熟悉,但一定知道北宋著名诗人、书法家黄庭坚,谢公就是黄庭坚的岳父。谢公还与同时期的王安石、韩玉如、谢景平并称为"四贤"。

富在做法

谢公曾经做过余姚县(今浙江宁波市余姚市)的知县。任职期间,曾发动民工修筑堤坝,消除了涨潮时期海潮冲决的隐患;制定"湖经"制度统一管理农田水利;管理海盐生产,增加财政收入;兴办学校,培养人才。所修堤坝被百姓称赞为"谢公堤"。

帅在成就

谢公所在的富阳(今浙江杭州市富阳区)在宋代

> 谢公笺,宋代名纸。这是一种经过加工的染色纸,为宋代谢景初创制,因人名而命纸名。

谢公画像

日晚莺啼何所为,浅深红腻压繁枝。
——唐·薛涛《棠梨花和李太尉》

时就以生产纸而闻名,南宋·吴自牧在《梁梦录》中记载:"富阳有小井纸,赤亭山有赤亭纸。"而"谢公笺"应与书中所说的"小井纸""赤亭纸"一样,是富阳纸的一种。

"谢公笺"十色乎

笺纸是旧时文人雅士用于题咏或书信的一种幅小而华贵的纸张,纸质洁白、匀薄、细腻、柔滑,并印有淡雅而精美的图案花纹,尤以名家绘稿者更具观赏价值。

蜀时四川由于战乱,造纸业衰微;到宋时,社会安定,文化发达,造纸业又开始复兴。谢公在昔日造纸业繁荣的浣花溪专造十色笺,号为"谢公笺"。他创造的笺因有深红、粉红、杏红、明黄、深黄、浅青、深绿、浅绿、铜绿、浅云等十色,故也称"十色笺"(俗称"鸾笺"或"蛮笺")。

宋·韩溥《寄弟蜀笺》诗云："十样蛮笺出益州，寄来新自浣花头。"诗中所云"十样蛮笺"即指此笺。

谢公笺VS薛涛笺

南宋·袁说友著的《笺纸谱》（后改为《蜀笺谱》）称："纸以人得名者，有谢公，有薛涛。"在历史上"谢公笺"与唐代的"薛涛笺"齐名。当薛涛笺"遭遇"谢公笺，两者能不能比出高低优劣呢？

据史料相传，"谢公笺"色彩艳丽新奇，雅致有趣。女诗人薛涛所制作的红色小笺，因清新雅致而备受赞誉。两者各有所长。以今人所思，无论是"红笺小字，说尽平生意"，还是"欲寄彩笺兼尺素，山长水阔知何处"，在那小小书笺上写诗填词，寄怀传情，诉说情殇，诗也变得玲珑，情也显得郁郁，心也变得冰洁了吧！

薛涛制笺图

古老记忆南鹞北鸢

在中国的北方，它曾名"木鸢"，薄薄的木片构筑出身体的骨架，穿梭于纷飞的战火之中；造纸术出现后，它再名"纸鸢"，五色的彩纸变换成身上的衣裳，飘摇在旷野之上；后来，有人以竹为哨，系在纸鸢的身上，每当它乘风飞上天空，便传来筝鸣一般的动听声色，于是，它又名"风筝"。而在古老中国的南方，它还有另一个名字：鹞。两千多年的岁月间，以不同的名字，它收获的是沉淀的记忆。

那年战火连绵时

传说中战国的墨子花了三年的时间研制出一只木鸟，并成功让它在空中盘旋了一天；而他的弟子鲁班则继承了他的事业，用竹子做出了一只"木鹊"，并让它在空中自由自在地飞翔了三天。这次飞翔的目的，《鸿书》上说是"以窥宋城"，可见是用来窥探军情的。这样的军事窥探不过是小试牛刀，"四面楚歌"的故事大家一定也不陌生，项羽的军队被刘邦的军队围困，韩信以牛皮做风筝，上缚竹笛，风吹过，刘邦的军人们和着风中的笛声，唱起了楚歌，西楚霸王就此陨落……

蔡伦发明造纸术后，智慧的手工艺人们将纸蒙于骨架之上，纸风筝大量出现，并在民间流传。可这并不妨碍纸风筝继续在军事上发挥作用，相反，凭借自身的轻盈，纸风筝在战争中发挥了更大的作用。侯景之乱时，梁武帝被困于梁的都城建邺，也就是现在的南京，有人向梁武帝献计，将皇帝诏令系在纸鸢上，趁西北风放纸鸢向外求援，只可惜这只纸鸢被叛军射落，求援计划失败。若然成功，历史也许就要改写了。

"纸鸢"的千年岁月

风筝以纸糊制后，便被称作"纸鸢"，千百年来，这一简单的手工艺品深受人们喜爱。唐代诗人高骈有诗《风筝》曰："夜静弦声响碧空，官商信任往来风。依稀似曲才堪听，又被风吹别调中。"可见当时在夜里仍有人放风筝。到了宋代，放风筝已然成为一种全民的

传说中的木鸢

杨柳青木版年画《十美图放风筝》

娱乐活动，布衣将相都乐此不疲。明清之时更是风筝的"黄金时代"，文人墨客们乐于为风筝绘画写诗，才子佳人借风筝传情之事也屡见不鲜。

在这流逝的千年岁月中，宋代文豪田锡作《风筝歌》回忆少时曾在洪雅城东的白苹洲放风筝的情景，字里行间洋溢着对过去时光的美好回忆；清代著名戏曲家李渔作《风筝误》，通过才子佳人在风筝上面题诗、传情，讲述了一个美好的爱情故事。千年岁月里，风筝的形象进入了文学创作，也进入了年画，进入了中国人的日常生活。风筝的图案变得逐渐复杂，色彩愈加鲜艳，而不变的是其间到处可见的吉祥寓意与传统文化的深深浸润。

而今，放风筝是人们出外踏青时不可缺少的活动之一。暮春时节，春风和煦，软润的青草绵延伸展，三五孩童在欢快奔跑，不断拉扯手上的风筝线，为风筝飞起来而欢呼跳跃，为风筝偶然的下降而惊叫哭啼……这种既娱乐身心又锻炼身体的活动，正被越来越多的人所喜爱。

田锡（940~1004年），字表圣，初名继冲，后更名为锡，嘉州洪雅（今属四川眉山市）人，北宋著名的政治家和文学家。田锡少时曾在洪雅城东的白苹洲放风筝，数十年后仍念念不忘，其著的《风筝歌》曰："白苹洲暖春风生，画楼槛上银筝鸣。铿锵节奏急复慢，空中一部天乐声。"

李渔（1611~1680年），初名仙侣，后改名渔，字谪凡，号笠翁，浙江兰溪（今属浙江金华市）人，明末清初著名的文学家、戏曲家。传奇剧本《风筝误》是李渔的作品，它描写的是：不学无术的戚友先附庸风雅，请义弟书生韩世勋在风筝上作诗一首。戚友先放风筝时，风筝线断，恰巧飘落到了詹府的院中，被詹府才貌双全的二小姐淑娟拾到，重新题诗寄情后再放；韩世勋倾慕淑娟才华，也去放风筝，但这次风筝却落到了詹家刁钻任性、奇丑无比的大小姐爱娟手中，爱娟借机向韩世勋投怀送抱，世勋只得落荒而逃……风筝有误，错点了鸳鸯；月老有知，有情男女牵成双。一边是才子对佳人，天作之合；一边是傻男配丑女，地设一双。甜甜蜜蜜的，吵吵闹闹的，各有滋味，皆大欢喜。

曹雪芹是《红楼梦》的作者，大概是人所共知的，但他还写过一本《南鹞北鸢考工志》（1757年），就鲜为人知了。在这本书中，曹雪芹总结了以往流传和自己创制的风筝扎、糊、绘、放的一般理论，并彩绘了风筝的图谱，编成了通俗易懂的工艺歌诀，这样就使原来接触、学习、研究过它们的风筝艺人继承下来。直到新中国成立时，北京制作风筝的名家所用的图式，还大都出自《南鹞北鸢考工志》，形成了"曹氏风筝"这一流派。

他为什么要写这本书呢？在该书的"自序"中，曹雪芹介绍说：他有一位名叫景廉的朋友，因为当兵打仗伤了足，成了瘸子，穷困潦倒。已到年关，可家里三天都揭不开锅，儿女啼哭。没有办法，于便来向他借贷。谈话中于无意间向他提及，京城的公子哥买一只风筝的钱，就足够他一家老小好几个月的生计呢。曹雪芹一向喜欢扎风筝，就随手扎了几个送给了于景廉。除夕那天，于景廉牵着驴，满载着蔬菜酒肉前来道谢，原来曹雪芹扎的风筝早已高价售空。曹雪芹由此顿悟，如将扎风筝的手艺传开，便可使鳏寡孤独、老弱病残皆可自食其力。这就促成他写出了这样一本风筝谱。

千奇百怪话造型

纸风筝出现后，随着造纸技术的发展，人们想象力的延伸，也因为纸这种材料本身的特质，风筝变幻出了多种多样的形式：八角风筝、沙燕风筝、金鱼风筝、蝴蝶风筝、仙鹤童子风筝……天上飞的，水里游的，陆上跑的，甚至故事传说中的……手工艺人们神奇地借助风筝将人类的想象力发展到了极致。

风筝的造型相当有讲究，让设计的造型生动形象又美观大方，是手工艺人的必备技能。曹雪芹曾写《南鹞北鸢考工志》，其中有一个风筝歌诀，比方说"比翼双飞"这一口诀："偕隐岂邀名，淡泊实素质。"表面看来这是表达志节的诗句，事实上，它却隐含"斜尾齐腰"的风筝绘画技法。这样隐晦的专业技巧传授，使得这门技艺一脉相承于艺德双馨之人。

各种造型的风筝

一身轻盈走天下

一般认为，风筝起源于中国，并大约于七八世纪传入日本、朝鲜及东南亚各国，然后通过阿拉伯传入欧洲等地。

在日本，即使是在锁国的幕府时代，"风筝热"依旧遍及岛国，日本人制作了世界上第一个立体风筝，是世界上最重的风筝，并且他们有着新年放风筝的习俗。

在泰国，已设立了"泰王杯"和"泰后杯"风筝比赛。每年初春，曼谷的天空都飞翔着各式的泰国风筝，泰国也被称为"风筝王国"。

在美国，每年5月在波士顿都会举行风筝表演赛。美国人最喜爱的风筝造型是海鸥，它被视为吉祥鸟。

而在中国，说起风筝，不得不说起潍坊，山东潍坊被称作"鸢都"，国际风筝联合会的总部设立于此。每年4月20日至25日，这里都会举行"潍坊国际风筝节"。届时，世界各地的风筝爱好者都齐聚于此，进行风筝展示及经验交流。

与造纸术一样，作为中国古人的一种娱乐工具，风筝也是中国人的一大发明，大约从唐代开始。据史记载，公元713年，唐玄宗李隆基曾在山东蓬莱宫宜春院观看"八仙过海"风筝的放飞。中唐诗人元稹在他的咏物诗《有鸟二十章》里就生动地记录了当时放风筝的情景："有鸟有鸟群纸鸢，因风假势童子牵。"宋徽宗即位之初（约1101年），曾在"罢朝余暇"以放纸鸢为戏。大臣白成遂将风筝的形制缩小数倍，并扎制成龙形风筝，还绘以龙纹。宋徽宗喜出望外，遂命大臣编撰了《宣和风筝谱》（此书惜已失传）。

由于造纸术的出现，风筝改用纸糊，大大降低了费用，很快传入民间。此后，随着国际交往，风筝流传到世界各地。英国著名学者李约瑟在《中国科学技术史》中，把风筝列为汉民族向欧洲传播的重大科学发明之一。恰如一位外国风筝专家所说的："中国人民在两千年前就发明了风筝，这是举世公认的。风筝引起人类飞向天空的遐想，导致了世界上第一架真正飞机的发明。"

潍坊国际风筝节上展出的风筝

摘自中华造纸艺术画谱

明清造纸鼎盛大成

"长江后浪推前浪,一代更比一代强!"当历史的车轮碾转到了我国封建社会的最后两朝——明清之际(500多年的光景)时,明代"永乐"和清代"康乾"所谓的"盛世",表现在造纸业方面就是:在造纸原料、技术、设备和加工等方面都集历史之大成,在纸的产量、质量、用途和产地上也超过了过去的任何时期。同时出现的专门记录和论述造纸技术的专著(带有插图),更为以前所未见。无奈的是"夕阳无限好,只是近黄昏",伴随着封建统治的逐渐衰落,我国的传统造纸技术也走进了低谷,尤其是在近代西方的机制纸及其技术打入中国市场之后,这个令人扼腕的状况愈来愈盛!难道说具有悠久的历史传统、曾享誉国际的中国造纸术就此完成自己的历史使命了吗?

2008年北京奥运会开幕式巨幅画卷

泾县宣纸坚洁如玉

> 宣纸是"采用安徽省泾县境内及周边地区的沙田稻草和青檀皮，不掺杂其他原材料，并利用泾县独有的山泉水，按照传统工艺经过特殊的配方，在严密的技术监控下生产的，具有润墨和耐久等独特性能，供书画、裱拓、水印等用途的高级艺术用纸"。

惊艳的亮相

2008年8月8日晚8时，注定是一个令全球瞩目的最激动人心的时刻，因为第29届奥林匹克运动会在北京隆重开幕了。中国"文房四宝"第一次登台亮相就让全世界为之一震：它以古法宣纸制作工艺影像作为引子，徐徐展开一幅真实的中国画卷，而整场表演都围绕着这幅巨大的画轴来展开。现场还用短片一一展示了安徽泾县的宣纸古法制作技艺的场景，包括碓房、捞纸、晒纸、"古艺宣纸"展示等几个镜头，长达近30秒。短片画面唯美静谧、大气磅礴，极具震撼力和冲击力，让世人又一次感受了中国宣纸文化的博大精深。薄薄宣纸，承载着中国书画艺术之精华。纸工们灵巧的双手，创造了千年不毁的"纸中之王"，世代相传的宣纸古老传说，其中究竟暗含着怎样的奥秘呢？

为什么姓"宣"

顾名思义，宣纸好像出在安徽宣城，但事实上，宣纸产地是距宣城百里之遥的安徽泾县。那么宣纸这个名称是怎样来的呢？原来皖南山区的宣城、泾县、宁国、旌德、南陵，在隋唐时期都属于宣州州府管辖，宣州和它附近的郎溪、歙县生产一种质量比较高的纸张，被规定为宣州向皇帝进贡的贡品。由于这种纸张主要产于宣州，因此就被称为宣纸。另外，这种纸一直以宣城为集散地，这也是其被称为宣纸的另一原因。

宣纸是手工纸中的佼佼者，它以质地柔韧、洁白平滑、细腻匀整和色泽耐久而著称。它是一种主要供毛笔书画用的独

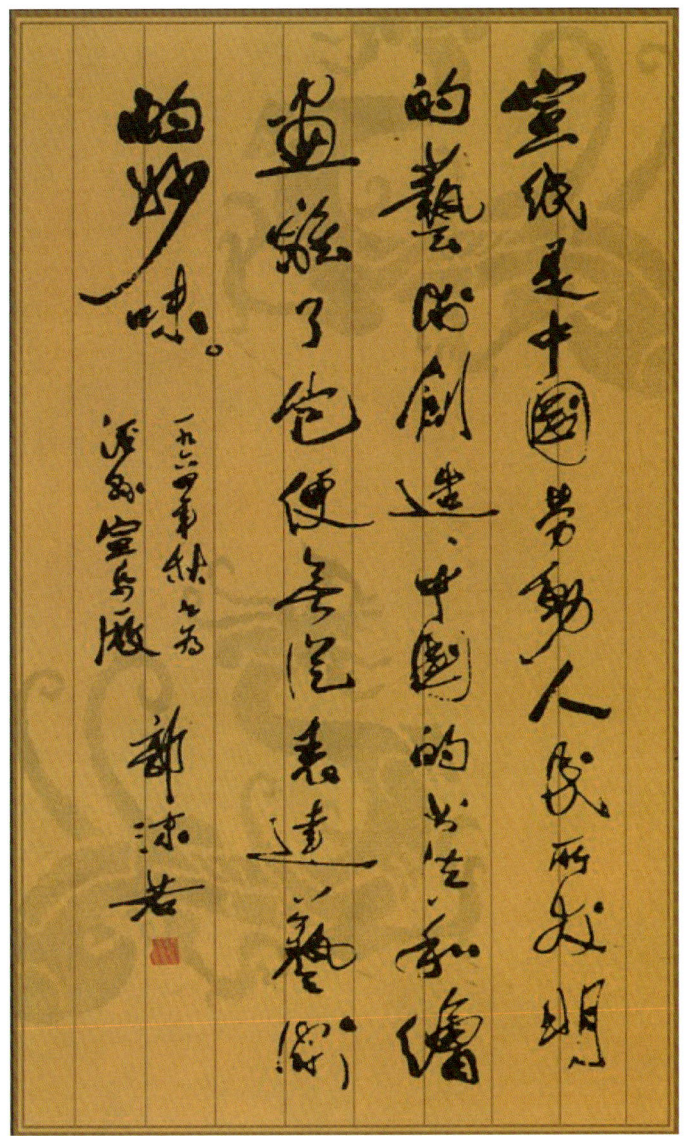

1964年郭沫若为宣纸题词

郭沫若（1892～1978年），四川省乐山市人。原名郭开贞，字鼎堂，号尚武，笔名沫若、麦克昂、羊易之等。著名的文学家、历史学家、古文字学家、书法家、社会活动家。致力于世界和平运动，中国新诗奠基人，是继鲁迅之后公认的文化领袖。著述颇丰，主编有《中国史稿》和《甲骨文合集》，全部作品编成《郭沫若全集》38卷。

有关"宣纸"的记载，最早见于我国唐代学者张彦远在乾符年间（874~879年）所著的中国第一部绘画通史著作《历代名画记》，其"论画工用榻写"部分中有"（江南）好事家宜置宣纸百幅，用法蜡之，以备摹写"之语。唐时宣纸已被列为贡品，《旧唐书》中就记载了当时宣城郡向宫中进贡宣纸的情形。据《旧唐书》载，宣城郡漕船里载有空青石、纸、笔、黄连。这说明当时宣州所产的纸质地精良，甲于各地。此外，《新唐书》《唐六典》等文献中对宣州贡纸也有记载。

暗花龙纹宣纸，纵64厘米，横133.5厘米，藏于中国国家博物馆

特的手工纸，有"纸寿千年""纸中之王"的声誉。郭沫若曾对宣纸做过恰如其分的评价，他说："宣纸是中国劳动人民所发明的艺术创造，中国的书法和绘画离了它便无从表达艺术的妙味。"传说清代嘉庆年间，宣纸就远销欧洲。当时有位英国贵族，在伦敦市场买了一束用宣纸做成的纸花，价格是70个基尼（基尼是1663~1816年使用的金币，70个基尼合人民币500多元）。如今宣纸仍是我国传统的出口商品，受到世界各地特别是日本和东南亚各国的欢迎。

宣纸到底有多好，才能受到古往今来这么多人的青睐呢？

持久白才是真的白

白度是衡量纸张洁白程度的标准，一般书写纸的白度约为80度，而宣纸的白度则高达100度。更为难得的是，它不是只有"白"，还很"可爱"。宣纸的白呈清白或亮白，看上去略似荧光而又无荧光反射，十分柔和，使人赏心悦目，所以古人称之为"光白可爱"。宣纸的白度稳定，久藏不泛色，稳定性在百年以上。目前，藏于各地博物馆的几百年前著名书画家所作的书画中，不少用宣纸书写或绘画的手卷纸色仍洁白如新。它完全可以自豪地向世人这么宣告："宣纸白久远，一张永流传；我是宣纸，我为自己代言。"

就是这么"韧性"

有人把宣纸的特点概括为"坚洁如玉"，"坚"是指它的韧性，"玉"是指它像玉那样白。白是外观质量，而柔韧则是内在质量。宣纸不像一般纸张那样硬，贮存多年的宣纸抖动时软绵绵、轻飘飘，没有多大的响声，显得特别柔软。宣纸的韧性特别好，往往折叠几十次也不会断裂；甚至浸水后，用手轻轻拎起，也不会支离破碎。正因为宣纸湿度、强度好，所以它还是裱字画、拓碑帖的极好材料。

宣纸之所以能够这么有"韧性"，跟制造宣纸用的材料有关，它采用独特的原料——青檀树皮。青檀树皮纤维具有坚韧的性能，并且它的纤维比较长，互相攀援，因而要撕破宣纸，不像一般竹纸那样容易。"纸寿千年"的奇迹除了具有不被虫蛀的特点外，柔韧也是一项重要原因。

晕墨吸墨全靠我

水墨淋漓的写意画和书法，还要求纸张有较好的晕墨性能，也就是要求纸张具有墨汁在纸上渗化开来形成浓淡不同层次的性能。而生宣纸尤其是贮存了

青檀树属榆科，翼朴属，为我国特有的单种属，稀有树种，属国家二级保护植物，对研究榆科系统发育有学术价值。其材质坚韧，纹理细密，耐腐耐水浸，树皮是制造宣纸的优良原料。青檀树根系特别发达，生长在悬崖和山石的缝隙之间，虽然生长环境恶劣，但这种树的生命力非常顽强，总是能在岩石的夹击中扎根、成长。同时，这种树的树龄非常长，树龄几百年的青檀树在山东省枣庄市峄城区十分常见，而在峄城区西北部的青檀古寺里，更是有36棵树龄达千年以上的青檀树。

中国现代绘画大师李可染在宣纸上画的《绿荫放牧之图》

宣纸基本分为两大类：生宣和熟宣。由于造纸原料的配比不同，生宣可分为单宣（最薄）、单夹（较厚）、净皮、棉连等。生宣具有吸水性能强的特点，是书画用纸的主要材料。生宣要久藏为好，刚生产出来的宣纸过于净白，故有火气逼人之感。久藏的生宣色泽柔和，用墨用色更具韵味。熟宣，是配染胶矾的生宣，故纸质较生宣为硬，吸水能力弱，使得使用时墨和色不会洇散开来。因此特性，熟宣宜于绘工笔画而非水墨写意画。如果再加以染色、洒金等工艺，便可以产生繁多的品种。熟宣的主要品种有素宣、煮硾、玉版等。熟宣的缺点是久藏会出现"漏矾"或脆裂、局部渗墨的现象。

涂料，是涂覆在被保护或被装饰的物体表面，并能与被涂物形成牢固附着的连续薄膜，通常是以树脂或油或乳液为主，添加或不添加颜料、填料，添加相应助剂，用有机溶剂或水配制而成的黏稠液体。涂料早期大多以植物油为主要原料，故被叫作"油漆"。

多年的生宣纸，晕墨性能特别好，正是理想的材料。书画家在宣纸上写字作画时，墨汁在纸上逐渐渗化开来，墨色从深到浅，分好几个层次，有"墨分五色"之称。我国古代手工纸品种繁多，适合书画的也不少，但宣纸这么好的晕墨性能，这么丰富的墨彩层次，则是独一无二的。

宣纸还有吸墨的特性。今天的书写纸，纸内施以明矾和松香，纸面常常涂有石膏，以防止化水和增加白度。墨汁上纸，浮在表面，随着时间的流逝，会逐年减淡；然而，生宣纸一不施胶，二不涂料，墨汁上纸，渗透到纤维之间，墨色鲜艳，时间再长，光泽不减，几百年以前的书画，至今"纸墨之光射目"，墨色如初。

诞生在宋元

宣纸的生产起于何时现已很难查考，但从历史上的有关文献可以看出，宣纸的出现不会太迟。唐代张彦远的《历代名画记》中提到私人贮藏宣纸以百幅计，说明宣纸在当时的质量已经相当高，已普遍被书画家视为文房珍品，而且生产的数量也很可观。再从

2000年中国宣纸集团公司捞纸二丈宣

中国宣纸传统工艺流程

唐代宣纸作为宣州的贡品这一点来看，宣纸的出现至迟在唐代，在唐代以前也完全有可能。

皖南山区从唐宋时期就一直是我国名纸的产地，宋代皖南地区的手工纸更是质高量多，产地遍及各县。至于目前生产宣纸的基地泾县，在宋末才开始加入生产宣纸的行列。据当地的《曹氏宗谱》记载，在宋末烽火四起之际，曹大三因避乱由南陵虬川（今属安徽省芜湖市南陵县）迁到泾县小岭，见该地山多田少，盛产青檀树皮，并有洁净的泉水，四季长流，具有良好的造纸条件，故在此以制造宣纸为生。从此，泾县开始了制造宣纸的历史。元明时期，宣纸生产有了进一步的发展。清初乾隆时宣纸生产出现从未有过的繁荣景象，一时宣纸出现近百个品种，宣纸生产还几乎成为当地人民的家庭副业，成为人们换取生活资料的可靠源泉。

山里人家底事忙，
纷纷运石叠新墙。
沿溪纸碓无停息，
一片春声撼夕阳。
——（清）赵廷挥《感坑》

这首诗勾画出了一幅徽州山区当时家家制纸、彻夜咚咚舂打青檀树皮的繁忙景象。

五色的宣德纸

宣宗皇帝和宣德纸

宣德纸，又名宣德笺、宣德贡笺或宣德宫笺，它是明宣宗宣德年间（1426~1435年）由江西纸工抄造供内府御用的明代名纸，包含本（白）色纸、羊脑纸、五色粉笺、金花五色笺等多个品种。

朱瞻基是个"好同志"

明宣宗朱瞻基（1398~1435年），汉族，明朝第五位皇帝，明仁宗朱高炽长子，幼年就非常受祖父与父亲的喜爱与赏识，明仁宗洪熙元年（1425年）即位，年号宣德。在位期间，他与其父一样，比较能倾听臣下"三杨"（杨士奇、杨荣、杨溥）等的意见，君臣关系比较融洽，休养生息，清静养民，经济因此也稳步发展，史称"仁宣之治"。

草根讲史大家当年明月评价他说："不干扰百姓们的生活，增加他们的负担，为其当为之事，治民若水，因势利导，才是皇帝治国的最高境界。这样的皇帝才是好皇帝，朱瞻基就是一个彻头彻尾的好皇帝。"(参见《明朝那些事儿(贰)》，中国友谊出版公司，2007年)当年明月引之以为"同志"，此小标题即是借他一用。这在现在可以看作是句玩笑话，可若在当时恐怕是借他几个脑袋都不敢说出口的啊！

宣德纸出于江西

作为太平天子的明宣宗无疑是个守成之君，且又多才多艺，善长书法和绘画，因而特别喜欢纸张，是个用纸的行家。当初他就已感到江西的贡纸（永乐年间（1403~1424年）明政府于江西新建县西山始设官局监造内府御用纸，以后100多年一直如此）质量不够理想，品种不多，便下令属官全面提高内府用纸质量，增加品种，且以宫内所藏历代名纸为标本，要求依照样式制作。经过几年的研制，品优类多的宣德纸终于研制出来，成为与宣德炉、宣德瓷齐名的明"宣德三宝"，但多供内府御用及赏赐群臣，以后从内府传出，遂为世人推崇。明人沈德符（1578~1642年）于万历年间著的《飞凫语略》（约1600年）说，自从宣德纸从内府传出后，就像宋代宣和龙凤笺、金粟山藏经纸那样受人珍重，让人舍不得在上面作书画，只用作书画卷轴的装饰。

宣德纸直到清康熙、乾隆时仍可看到，继续受到世人的青睐。康熙皇帝的近臣查慎行（1650~1727年）在《人海记》（约1713年）卷下云："宣德纸有贡笺，有绵料，边有'宣德五年（1430年）造素馨纸'印。又有白笺、洒金笺、五色粉笺、金花五色笺、五色大帘纸、磁青纸，以陈清款第一。"查慎行还有咏宣德纸诗称："小印分明宣德年，南唐西蜀价争传。侬家自爱陈清款，不取金花五色笺。"由诗可以看出，宣德纸的纸质完全可以与南唐的澄心堂纸、蜀笺

《明宣宗坐像》，绢本设色，纵210厘米，高171.8厘米，藏于台北故宫博物院

沈德符，明朝文学家，字景倩，又字虎臣，浙江嘉兴人。少时随父寓于京邸，万历四十六年（1618年）举人。精音律，熟谙掌故，仿欧阳修《归田录》之体例，随笔记录。归乡后撰写了《万历野获编》一书，多记万历以前朝章国故，并保存有关戏曲小说资料，所著有《清权堂集》。

查慎行，清代诗人，当代著名作家金庸先祖。字悔余，号他山，赐号烟波钓徒，海宁袁花（今属浙江）人。康熙四十二年（1703年）进士，特授翰林院编修，入直内廷；康熙五十二年（1713年），查慎行乞休归里，家居十余年；雍正四年（1726年），因弟查嗣庭讪谤案，查慎行以家长失教获罪，被逮入京，次年放归，不久去世。查慎行诗学东坡、放翁，尝注苏诗，自朱彝尊去世后，为东南诗坛的领袖，著有《武侯论》《他山诗钞》等作品。

江寒汀《泥金花鸟四条屏》，为磁青纸

（唐代的薛涛笺）并驾齐驱，其中以有落款"陈清"（时为江西的造纸高工）的宣德纸名列第一。

较为名贵的磁青纸和羊脑笺

磁青纸和羊脑笺均为较名贵的宣德纸，磁青纸因其色新鲜与当时流行的贡品"宣德瓷"上的青花色泽相似而得名，它是将较厚的白楮皮纸用靛蓝染成深蓝色，再经强力砑光，有时涂布蜡质，专在上面用泥金写字或作画，并且一旦金银其上，则永保流光异彩，永久不褪，故明宣宗称赞它是："古色古香，光如缎玉，坚韧可宝。" 清代饶智元《宣德宫词》有题宣宗御画诗："画笔通神造化俱，万机多暇自欢娱。素馨十幅磁青纸，摹出西山霁雪图。"安徽省博物馆藏有明成化七年（1471年）用泥金书抄写的《观世音菩萨普门品经折》画册，即为此纸书写，已历时500余年，依然是毫不败色，簇亮如新，可见其纸品制作之精，金粉成色之足。

羊脑笺则是在磁青纸的基础上进一步加工制成的蓝黑色的名贵宣德纸笺。这种纸笺纸黑如漆，光明似镜，质地坚韧，平板厚硬，纸上用泥金写佛经，作梵夹装。安徽省博物馆藏有明宣德十年（1435年）陈惠性用泥金抄写的《大方广佛华严经卷第六十五》经册，即为此笺书写。抚之滑若疏璃，凉似冻冰，虽经岁月的磨砺，不仅未朽不蠹，而且纸上金字仍然亮炽如灯，成色丝毫未减，足窥其工艺之精良。磁青纸和羊脑笺，到清代仍在仿制，名曰"天蓝纸"，但无论色泽、质地均不及前代。据说今天在北京的南纸店尚有仿制的磁青纸和羊脑笺出售，不知确否。

承前启后，继往开来

以"宣德纸"为代表的明代宫廷名纸，在我国传统的手工造纸技术上，起到了承前启后、继往开来的历史传递作用。从中唐的薛涛笺，南唐的澄心堂纸，宋代的仿澄心堂纸、金粟山藏经纸，再到明清的宣德纸笺、泾县宣纸，这其中都有着一种相互间的从传承、借鉴到发展的历程。泾县宣纸之所以有今天的辉煌，吸收、借鉴和改进宣德纸笺的制作工艺是显而易见的。故造纸专家潘吉星说得好："我们今天看到安徽泾县的宣纸，就感到它似乎就是过去的宣德纸。"似曾相识，宣德纸哉！

《十六应真像》（局部），为泥金羊脑笺

清·仿澄心堂纸描金山水蜡笺（现藏于日本东京造纸博物馆）

碧丽辉煌的金花纸

> 金花纸，也叫金花笺，是一种在彩色纸或彩色蜡笺上面洒金、银粉的，或绘有金、银花纹图案的加工笺纸。

洒了金粉的纸便有了贵族身份

自从在一万多年前发现了黄金之后，人类对黄金的狂热追逐之火就被点燃了，在人们的意念中，没有什么东西比黄金更能体现纯洁、神圣和高贵了。由于黄金罕有、特殊和珍贵，价值含量较高，有其他金属品种无法比拟的优势，故享有"金属之王"的称号，其显赫的地位近乎永恒。用黄金为主要原料再加入如银、铜等其他金属制作的首饰，就叫作"黄金首饰"。古时只有富人、贵人才能享有此种显示其富贵身份的特权。那么，在佳纸上洒金、银粉，或干脆直接在笺纸上绘金、银花纹图案，极尽豪华、富丽堂皇之能事，以显其富贵，自然也是过去富贵人家才能享有的特权。

金花纸大概创始于唐、宋，盛行于明、清，且一般是为宫廷服务的，所以，作者部分是清代宫廷中如意馆工师，部分是苏州工匠。现代著名文学家沈从文先生在《谈金花笺》一文中，引用了在当年苏州织

18世纪银白泥金折枝花粉蜡笺

造上奏文件里保存的一份关于清穆宗同治八年（1869年）金花笺纸加工的工料价格："计细洁独幅双料两面纯蜡笺，每张工料银五两玖分。又洒金蜡笺，每张加真金箔洒金工料一两一钱五分二厘，每张工料银六两二钱四分二厘。"而当时特别讲究的石青装花缎子，不过每尺一两七钱银子；最高级的天鹅绒，每尺三两五钱银子。也就是说，一张金花纸的价钱几乎相当于一尺天鹅绒的两倍。它价格之高足令一般人瞠目结舌，只能使他们望"纸"兴叹了。

李白应诏在金花笺上题牡丹诗

我们说金花纸大概创始于唐、宋，是因为泥金银技术比较普遍地使用到丝绸衣物、木漆家具和其他各方面是在唐、宋两代，即公元6、7世纪到12世纪。唐代的诗文中多有反映泥金、缕金、捻金诸法用于妇女歌衫舞裙之多样化的，最初在笺纸上加金花可能是受到这方面的影响。金花纸既然是一种华丽的贵族纸，那它的应用自然就有很大的限制。唐人李肇在《翰林志》里说，凡是将相告身、吐蕃和赞普书及别录，回纥（新疆地区）可汗，新罗（朝鲜半岛）、渤海（东北地区）王书及别录皆可"用金花五色绫笺"。

当然如果皇上一时高兴，这个用纸的上限还是可以下移的。唐人李濬著的笔记小说《松窗杂录》里记述了唐代大诗人李白曾应诏在金花笺上题写《清平调词三首》（又名《牡丹诗》）的趣事。话说一天夜晚唐明皇（685~762年）与杨贵妃（719~756年）在皇宫后花园（即今西安市兴庆宫公园）里的沈香亭中欣赏盛开的牡丹，百花竞放，万紫千红，两人一时高兴，便命乐工李龟年手捧金花纸宣赏翰林学士李白写诗。李白则是带着宿醉写的，以其天才的文笔一挥而就，

沈从文（1902－1988年），原名沈岳焕，湖南凤凰县人，中国现代著名的作家、历史文物研究家。14岁时，他投身行伍，1922年受"五四运动"影响离开军队到北京，1924年开始文学创作，抗战爆发后到昆明西南联大任教，1946年回到北京大学任教，建国后在中国历史博物馆和故宫博物院工作，有《沈从文全集》（共32册）存世。

李肇（zhào），字里居，约公元813年前后在世。累官尚书左司郎中，迁左补阙，入翰林为学士。元和（唐宪宗李纯的年号，806~820年）中，坐荐柏耆（大将柏良器之子，善于游说），自中书舍人左迁将作监。李肇著有《翰林志》一卷，《国史补》三卷，并传于世。

李濬（jùn），生卒年不详，无锡（今属江苏）人，会昌（唐武宗李炎的年号，841~846年）间宰相李绅之子。乾符四年（877年），自秘书省校书郎入直史馆。六年春乞假归无锡，撰《慧山寺家山记》。编次李绅所为制诏章表等文章，又撰《松窗杂录》，为其早年闻于公卿间的逸闻轶事。

唐明皇赐金花纸　李白饮酒赋诗

遂给我们留下流传千古的《清平调词三首》及脍炙人口的名句"云想衣裳花想容"。

李白《清平调词三首》：

其一

云想衣裳花想容，春风拂槛露华浓。
若非群玉山头见，会向瑶台月下逢。

其二

一枝红艳露凝香，云雨巫山枉断肠。
借问汉宫谁得似？可怜飞燕倚新妆。

其三

名花倾国两相欢，长得君王带笑看。
解释春风无限恨，沉香亭北倚阑干。

金花纸是否用了真金白银镀就？

真金白银本不易得，于是，世有仿金银者自然便会动脑筋利用其他材料取代它们，使之貌有金银之

清平调：古代一种歌的曲调。"云想衣裳花想容"：见云之灿烂想衣之华艳，见花之艳丽想美人之容貌照人，实际上是以云喻衣，以花喻人。"若非……会向……"相当于"不是……就是……"。群玉：山名，传说中西王母所住之地。全句形容贵妃貌美惊人，怀疑她不是群玉山头所见的飘飘仙子，就是瑶台殿前月光照耀下的神女。云雨巫山：即"巫山云雨"，传说中三峡巫山顶上神女与楚王欢会并接受楚王宠爱的神话故事。飞燕：指汉代美女赵飞燕。名花：牡丹花。倾国：喻美色惊人，此指杨贵妃。解释：了解，体会。春风：指唐玄宗。沉香：亭名，沉香木所筑。

观。明代著名收藏家、鉴赏家项元汴（1525~1590年）在其著《蕉窗九录》中介绍了此种制作假金花纸的方法，主要是采用云母、苍术、姜黄、灯草等作涂染剂，以白芨调和作黏胶剂，用五色套版印染法，将上述染料印染于纸面，印成的花色就像用金银装饰的物品。苍术是菊科植物，根茎经粉碎后呈灰色粉末，故与云母粉调和均匀后呈银灰色。姜黄是姜科植物，含有姜黄素，呈鲜黄色，故与云母粉调和呈金黄色。白芨是兰科植物，其根部胶质含量颇高，约占55%；还有淀粉及挥发性油，都是很好的胶料，在我国古代多用作胶料剂。

至于用真金银加工，沈从文先生在《谈金花笺》里介绍说："根据明清材料分析，大致不外以下三种形式：一、小片密集纸面如雨，通称'销金''屑金'或'雨金'，即普通'洒金'；二、大片分布纸面如雪片，则称'大片金'，又通称'片金'，一般也称'洒金'；三、全部用金的，即称'冷金'……冷金中又分有纹、无纹二种，并有布纹、罗纹区别。

"从材料性质说，大致也可以分成三种：一、细绢上加粉彩地加金银绘；二、彩粉地加金银绘；三、彩粉蜡地加金银绘。如从花纹上区别，大体有如下各种：一、各种如意云中加龙凤、狮球或八吉样折枝花；二、散装生色折枝花；三、各式卷草串枝花加龙凤、狮球、八吉祥、博古图。

"另外还有一种斗方式金花笺，纸下角加有一个长方条朱红色木戳，作'乾隆年仿澄心堂纸'八字，上用细泥金银绘花鸟、松竹、山水、折枝花，纸分粉笺和蜡笺两种，粉笺较精，多紧厚结实如玉版。"

项元汴（1525~1590年），字子京，号墨林，别号墨林山人、墨林居士等，浙江嘉兴县（今嘉兴市）人，为项忠（明代进士出身，官至刑部尚书、兵部尚书）后裔。明国子生，因家资富饶，广收法书名画，储藏之丰，甲于江南，"极一时之盛"，经其所藏历代书画珍品，多以"天籁阁"等诸印记识之。

纸工们在纸面上洒金

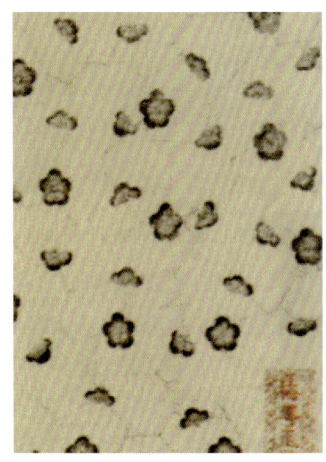

清·描银白粉蜡笺（现藏于天津艺术博物馆）

沈从文先生认为，中国造纸术发明以后的主要成就，"首先是在科学文化传播上所起的巨大作用。其次是由于特种加工，又产生了许多精美特出的纸张，在艺术史的进展上做出了特别的贡献。泥金银花笺则在制作技术上和绘画艺术上，都反映出18世纪前后制纸工人技术和民间画师艺术的结合"，"宋、明以来苏蜀工人都有贡献，贡献特别大的是苏州工人（因为过去纸绢生产属于苏州织造管辖范围）"。时至今日，苏州仍有制作洒金笺纸、洒金扇面的，只是产量不多罢了。

高档纸品精美龙纹：大红底金银花粉蜡笺

陆　明清造纸鼎盛大成 —— 149

废纸

> 还魂纸是古人将用后的废纸重新加以处理变成纸浆，再行抄造而成的纸，也就是今天所说的再生纸。

废纸不废循环使用

乱扔废纸浪费能源

造纸术的发明和纸的出现促进了人类文明的进步，给人类带来了极大的便利。尤其是今天，纸对人们的日常生活、学习、工作有着广泛的影响，做出了很大的贡献。但众所周知，现代的机制纸都是以树木为原料的，而人类拥有的森林却在大面积减少，可在我们的身边，纸张浪费的现象仍然不少。如随处可见各种各样的广告、名片，已经用过的面巾纸、餐巾纸、复印纸，已经读完而被扔弃的报纸，学生们丢弃的草稿纸、试卷等，这些废纸都被人们当作垃圾扔掉了，不仅造成严重的环境污染，而且还造成大量的能源浪费。面对着今天人们无意识地白白扔掉的造纸资源，我们怎能等闲视之呢？！

你以为废纸是垃圾，会污染环境？恰恰相反，用废纸造纸只需要对废纸进行加工，省却了用木材制浆的过程，节水、省电、少排放，还能节约社会资源。
——玖龙纸业公司董事长张茵

废纸变宝古已有之

善待废纸变废为宝,古已有之。在敦煌莫高窟发现的写经纸本中有一卷《救诸众难经》,在它的末尾有"乾德伍年(967年)丁卯岁七月二十四日善兴写经"17个字样。在该卷的反面,我们可以看到有三小片泛红色的"故纸块",纸块上有帘纹,经化验是由麻纤维制成的。这三小片纸块,显然是由抄纸前捣料不充分而造成的。这也证明了早在北宋赵匡胤时期就已经采用了废纸造纸技术。另元代马端临(1254~1323年)编撰的《文献通考·卷六》中记载,南宋时湖南运输管理部门就利用落榜举人的考卷纸和包装茶叶的说明书等废纸,将其一起掺入到新纸浆中抄造成印"会子"(会子是当时流通的纸币)的纸。

在明代废纸更是成为造纸原料的另一来源。《天工开物》中记载了用废纸脱墨造"还魂纸"。宋应星说:当时有一种名叫大四连的宽幅纸,显贵们用它来书写,显得贵重。等到它成为废纸以后,洗去纸上的朱墨、污秽,浸烂了再抄纸槽再造,因此节省了"浸竹"和"煮竹"等工序,也能够成为新纸,损耗不多。南方竹子数量多而且价钱低廉,自然也就用不着这样做。但北方无竹林,所以即便是寸条片角的纸扔在地上,人们也要随手拾起来再造,这种纸叫作"还魂纸"(即为"再生"之意)。

当今"文化"与资讯泛滥,传播"文化"与资讯之纸亦随着用量大增,仅是每天一份厚厚的小报,得要多少张"大四连"?即便是多竹的南方,恐怕也不可不以为意啊!

由此可见,"善待废纸变废为宝,节约资源循环使用"的理念早在我国古代就已经深深地扎根在人们的心

马端临(1254~1323年),宋元之际著名的历史学家,字贵与,一字贵舆,号竹洲,饶州乐平(今江西省乐平市)人。其父马廷鸾为南宋右丞相,曾任南宋国史院编修官与实录院检讨官,以忤贾似道归里。端临侍父家居,博极群书。宋度宗咸淳年间(1265~1274年),漕试第一,以荫补承事郎。宋亡,隐居不仕,历20余年专心著述《文献通考》。父卒后,教授乡里,任慈湖、柯山二书院山长,台州儒学教授。著有《文献通考》《大学集注》等。

废纸再利用

中了。故清代还出现了走街串巷专门收废纸的小贩。

再生纸的手工制作

方法一：将一张旧报纸或用过的作业纸剪成碎屑，并浸在清水中。将浸泡过的纸屑与清水和淀粉一起放入容器内并搅拌成粥糊状的纸浆。将带框的窗纱网浸入纸浆中，然后轻轻地抄起纱网，使一层纸浆均匀地铺在纱网上，并将纸浆中的水控尽。将纱网上的纸浆片摊在一张旧纸上，上面覆盖一张旧纸，并用擀面棍将纸浆片中的水分尽量擀尽，然后将纸浆片晾干。这样，一张再生纸就制成了。

清·回收废纸图（《中国古纸谱》第152页图5-9）

方法二：先准备一些纸巾、温水，一个晾衣架、一双连裤袜、一个盆、一块干毛巾、几张报纸和一个空瓶子。先把纸巾撕碎，将碎纸放在一个空瓶子里。把衣架折成方形，套入连裤袜，固定紧后成了一个过滤网，把温水和纸片都放进瓶子里，盖上盖子使劲晃动，慢慢纸就变成了纸浆。再把纸浆倒在过滤网上，水流在了盆里（可以加入自己喜欢的颜色）。等到水滤得差不多了，就用干毛巾盖住过滤网，挤出水分，再把过滤网放在报纸上挤掉些水分，最后，把再生纸夹在用过的宣纸里压在几本书下面，过一会儿取出来放到阳台上晒干，再生纸就做好了。

从小开始低碳生活

节能减排、低碳生活，你准备好了吗？我们人人都要从身边日常小事开始低碳生活，拯救环境，拯救地球，这其实也是在拯救我们自己和子孙后代，给他们留下生活和发展的空间。当然，我们也欣喜地看到，很多学校的老师通过在中小学生中开展废旧纸张

低碳，英文为 low carbon，意指较低（更低）的温室气体（以二氧化碳为主）的排放，低碳生活 low-carbon life 可以理解为减少二氧化碳的排放，就是尽量要采用低能量、低消耗、低开支的生活方式。对于每个人来说，低碳生活既是一种生活方式，同时更是一种可持续发展的环保责任。减少二氧化碳的排放，也就是减少对大气的污染，减缓生态恶化，这主要是从节电、节气和回收三个环节来改变生活细节。低碳生活代表着更健康、更自然、更安全、返璞归真地去进行人与自然的活动。如今，这股风潮逐渐在我国一些大城市兴起，逐渐改变着人们的生活。

据有关资料介绍，每使用1t废纸大约可节省原木700kg，节碱300kg，节煤600kg，节电800kW·h，节水150t。另有一个数据显示：当今，世界造纸工业所用的造纸原料中，废纸已占有总量的39%左右，而且比例还在继续增大。

在日本，很多家庭在自己的院落里都有简单的造纸设施，利用废旧之物，自己造纸。这既是环保，更是一种良好的生活习惯。在西方现代文明的冲击下，我们一度丢掉了自己民族许多优良的东西。日本既接受先进文化又继承了传统上的一些好做法，多少给了我们有益的借鉴。

中国有一个名叫张茵的"废纸女皇"，之所以有这样一个雅号，是因为她创办的玖龙纸业，既是中国最大的箱板原纸产品生产商，也是全球最大的箱板原纸产品生产商之一。她从美国购买来大量废纸，运到中国再回收制成纸箱用纸。她也因此在2006年成为中国首位女性首富。

再利用的活动，弘扬中国的优秀传统纸文化，对学生进行绿色环保教育，帮助学生在实践活动中意识到"科学用纸，节约资源"的重要性，从而养成节约的良好习惯，让节约成为学生的内在自觉行为，为创建节约型社会贡献力量。

再生纸时装秀

陆 明清造纸鼎盛大成 —— 153

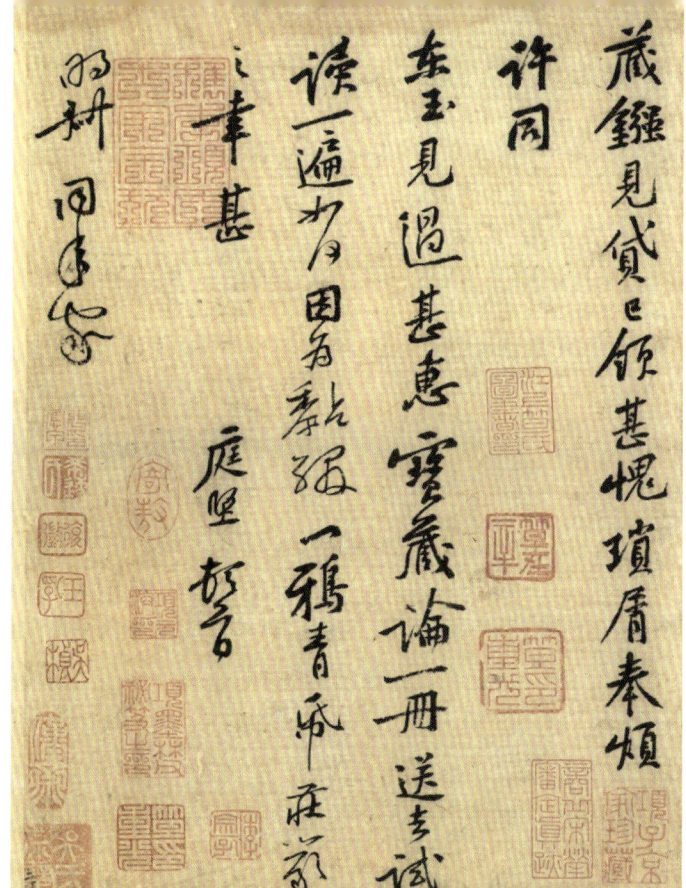

黄庭坚使用罗纹纸写的书法作品

帘之欲卷罗纹纸

> 罗纹纸，是古代纸工用漂白竹浆制成的一种手工纸。因为纸内有明显的隐性帘纹，看上去跟"罗绸"差不多，故取名"罗纹纸"。

缕缕丝横，呼之欲出

罗纹纸，最突出的特点就在于它那一层精巧而细密的纹理。由于罗纹纸质地偏厚，不容易渗水，表面光滑如罗绸，因此很快受到大家的喜爱，早在宋代便有人制作。纸工们在编制纸帘时，将丝线或马尾纹间距缩小，捞纸时丝线纹与竹条纹纵横交错，在纸上印成罗纹；或者在硬木板上刻成罗纹图案，再砑在纸上。这样，漂亮的罗纹纸就诞生了。

相传在清代康熙年间，杭州有一名造纸巧匠叫王城之。他曾经用铜丝在竹丝上编制出罗纹图案，并

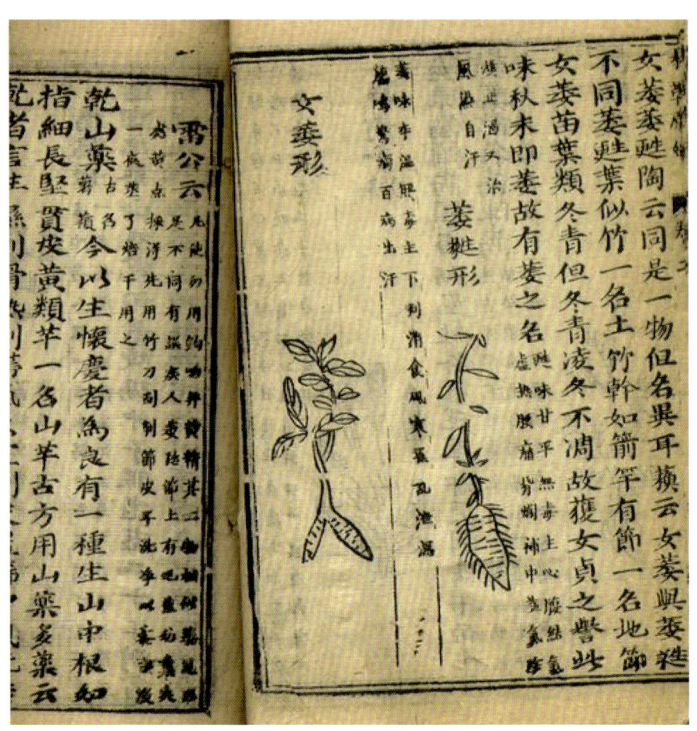

万历刻印本罗纹纸《本草原始》

高粱桥：高粱河上的一座桥，在北京西直门外。

西山：在北京西郊，属太行山支脉，一名小清凉山，林麓苍莽，溪涧错镂，风景秀丽。

道此：道，用作动词，意为经过；此，指高粱桥。

玉河：源出北京西北郊的玉泉山，三十里而至此桥下，环流紫禁城，入大通河。

白练：白色的熟绢。

由此制出一把精巧的竹帘，后来他用这种竹帘造纸，使得纸面上呈现出清晰的阔帘纹，技艺精湛而名震一时。可惜这门技艺后继无人，成为了绝响。后人多有仿制。

高粱桥水，从西山深涧中来，道此入玉河，白练千匹，微风行水上，若罗纹纸。（高粱桥下的河水从西山深峡谷中流淌过来，经过此地流入河里。就像一千匹白色的熟绢一般，微风吹过水面而荡起的涟漪，又像一张张漂亮的罗纹纸。）

——明·袁宗道《极乐寺纪游》

花开并蒂，各表一枝

提到罗纹纸，除了上面说的使用漂白竹浆制成的罗纹纸以外,还有罗纹宣(宣纸的一种),它是由青檀皮等原料制作而成,主要用于书画作品。如果你举起纸对着光线看,就会发现纸里面有罗筛状的丝絮,它也正是因此而得名。当然,你也可以洋气地称它为"金花罗纹"或者"罗纹卷帘"。据宋人叶梦得在《石林燕语》一书中记载,"唐初将相官告,所用有销金笺、金凤笺、金花罗纹"等。近人胡朴安的《纸说》中也曾写道:"清纸颇多,康熙间用罗纹。"

名字虽然相同,但两种纸张的质量和用途差别可大着呢!前一种罗纹纸一般不作书画纸料,多半是用来记账或者作信笺,也有一部分用于印刷等。

请君吟听《罗纹纸赋》

宣纸是劳动人民所发明的艺术创造,宣纸自产生后,无数名家便与它结下了不解之缘。许多骚人墨客留下了他们赞美宣纸的诗词歌赋,储在文就是其中一位。他是清代的一位学者,字礼执,宜兴(今属江苏无锡市)人,曾经到小岭等宣纸产地实地察看过当时宣纸的生产情况,并对当时最佳的宣纸品种,也就是罗纹纸发出由衷的赞叹,留下了一首著名的《罗纹纸赋》。

初读文章,同学们难免觉得晦涩难懂,然而这可是迄今为止发现的最早也是最长的一篇专门以宣纸为对象的赋。在赋中,作者对清康熙年间宣纸生产的繁荣状况、宣纸质地的无与伦比、文人用宣纸书画时的喜悦心情等都作了详尽的描绘,成为我国宣纸研究不可多得的第一手材料。今人研究宣纸也常常要摘引其中的一些句子来作引证,有兴趣的同学不妨把它翻译成白话来试一试哦!

楮号先生,制陈文苑,鱼网始于荆池,凤衔传于籽殿,殷红霞灿而姸呈,浮碧脂凝而美炫。桑根柔滑,曾矜雷氏之藏;藤角芳鲜,偏沐范家之春。院花波绿,校书裁小幅以争;怜沧海苔青,南国出陟而竞。善既邀赏于钜,卿受变知于硕,蓁然而人经隔,世属他邦名,纵噪于寰宇,价已冷于洛阳。……歌曰:天生注阳开楮国伱,厥功遐被用靡极兮,千古而遥畴比则兮,惟此泾川迈新式兮,智巧绝殊尺莫测兮,不绚而文胜五色兮,调调瞩瞩光浼兮,宛如其布泯白黑兮,复似星罗辉南北兮,丝何纂纂致偏直兮,彼越献理胡侧兮,岂其龙梭隐为织兮,敬仲虽神阮亦逼兮,属在翰墨胄臆兮,传之无穷宁有息兮。

——储在文《罗纹纸赋》节选

摘自中华造纸艺术画谱

少数民族造纸技艺

"五十六个民族,五十六枝花,五十六族兄弟姐妹是一家",中国是一个历史悠久的多民族国家,各少数民族都为谱写灿烂的中华文明史(其中包括造纸术的发展史)做出了自己的贡献。少数民族一般居住在比较偏远的地方,那里生长有不同于汉族地区的独特物产,聪明的他们懂得如何利用当地的资源,结合各民族习惯,造出适用的纸张来,并因此丰富了我国造纸术万紫千红的"大花园"的花卉品种。

藏纸产生于公元7世纪中叶，它具有质地坚韧、耐折耐磨、不腐烂、不变色、不怕虫蛀鼠咬等特点，被大量用于宗教典籍、政府官文的书写和印刷。千百年来，它默默地记录着西藏发展的历史，见证了西藏的文明进程。

文成公主入藏图

文成公主在吐蕃和睦邦交，促进了汉藏人民的友好往来，对吐蕃的经济和文化发展也做出了巨大的贡献。吐蕃人民用诗歌来表达他们对文成公主的尊敬和喜爱。文成公主逝世后，吐蕃人到处为她立庙设祠，以志纪念。一些随她前来的文士工匠也一直受到丰厚的礼遇，他们死后，也纷纷陪葬在文成公主墓的两侧。

至今文成公主和这些友好使者，仍被西藏人视为神明。西藏民间还广泛地流传着歌颂文成公主的诗歌，其中唱道：

从汉族地区来的王后文成公主，带来了3800种粮食，给西藏的粮仓打下了坚实的基础。

从汉族地区来的王后文成公主，带来了5500个能工巧匠，给西藏的工艺打开了发展的大门。

从汉族地区来的王后文成公主，带来了5500种牲畜，使西藏的乳酪酥油从此年年丰收。

雪域奇葩狼毒藏纸

藏汉文化交流小史

藏族具有悠久的历史，藏族的先民们自远古时就居住在雅鲁藏布江中游两岸（今天他们主要居住在西藏自治区以及青海、甘肃、四川、云南等省）。公元6世纪，第32代赞普（王）松赞干布（616~650年）统一了整个西藏地区，定都逻娑（今拉萨），建立了吐蕃的奴隶王朝。公元641年，赞普松赞干布与唐朝的文成公主联姻，被唐封为驸马都尉西海郡王。松赞干布十分倾慕先进的中原文化，他脱掉毡裘（zhān qiú，指古代少数民族以皮毛制成的衣服），改穿绢绮（绢，即绢丝，古代泛指蚕丝，指一种质地轻薄而坚韧且有平纹的丝织品；绮，本义为细绫，古代指一种有花纹的单色丝织品），并派吐蕃的贵族子弟到唐朝的首都——长安去读书学习。唐朝也不断地派出各类工匠到吐蕃，传授各种先进的科学技术。公元710年，尺带珠丹（704~755年）又与唐朝的金城公主联姻，由于与东部中原地带在政治、经济、文化等方面的交往，西藏社会从此有了很大发展，由此揭开藏、汉文化交流史上的新篇章。

公主入藏陪嫁纸匠

在中原的造纸术还没有传入吐蕃之前，藏族曾经使用树皮、石片、木板、竹片、羊皮等作为书写载体。那么，造纸术究竟是何时传入吐蕃以及藏族是何时开始造纸的呢？一般认为：吐蕃造纸应该始于松赞干布时期，据《贤者喜宴》等藏文典籍记载，文成公主入藏时带去的工匠中就有造纸技工。另据《旧唐书·吐蕃传》记载，松赞干布在文成公主的影响下，特地派人到长安学习汉族经典。为了发展吐蕃的手工业，650年他又派人到唐朝要求赠送一些蚕种，以及选派一些会造酒、制作碾子、石磨、纸张和墨锭等技术熟练的工匠，唐高宗都答应了（"因请蚕种及造酒、碾、硙、纸、墨之匠，并许焉"）——这是最早见于文字的唐代造纸工匠入藏的记载。从此，中原的造纸术随着造纸技工进入吐蕃，不久，藏族也就有了自己的造纸技工，并开始了藏族人民的造纸历史。60多年后，唐朝的金城公主入藏时，陪嫁的工匠中也有造纸技工，这就为吐蕃增添了造纸的生力军，促进了西藏造纸技术的进一步发展。

造纸原料异于汉族

但这些进藏的造纸技工不久就发现，他们陷入了"巧妇难为无米之炊"的困境，因为藏地没有内地造纸常用的藤、楮、桑、竹、麻等廉价的造纸原料。好

文成公主（625~680年），唐朝宗室女，祖籍山东济宁（今任城）。汉名无记载，多猜测为江夏郡王李道宗（唐高祖李渊的堂侄）之女，文成公主在吐蕃地位很高，吐蕃尊称其"甲木萨"（藏语中"甲"的意思是"汉"，"木"的意思是"女"，"萨"的意思为神仙）。唐太宗贞观十四年（640年），李世民封李氏为文成公主；第二年，文成公主远嫁吐蕃，成为吐蕃赞普松赞干布的王后。唐、蕃自此结为姻亲之好，两百年间，凡新赞普即位，必请唐天子"册命"。

金城公主（698~739年），本名李奴奴，唐中宗李显养女，生父为邠王李守礼。唐中宗神龙三年(707年)，吐蕃赞普遣使请婚，中宗许嫁给吐蕃赞普尺带珠丹。景龙四年(710年)春，吐蕃遣使迎公主入藏，中宗亲送至始平（今陕西兴平），赠以锦缯、杂伎百工和龟兹乐，命左卫大将军杨矩持节护送至吐蕃，赞普为另筑城居。金城公主入蕃30年，力促唐蕃和盟。此间，唐、蕃虽曾进行过多次战争，但由于金城公主的努力，双方使臣往来频繁，终于在开元二十一年(733年)，唐、蕃在赤岭（今青海湟源西日月山）定界刻碑，约以互不相侵，并于甘松岭互市。

尼木雪拉藏纸，因产于西藏拉萨市尼木县塔荣镇的雪拉村而得名，传承人为次仁多杰。作为"尼木三绝"之一的尼木雪拉藏纸，2006年5月，其传统工艺正式被列入首批国家级非物质文化遗产名录。2009年，次仁多杰被文化部正式授予"国家级非物质文化遗产代表性传承人"称号，并得到了一定的资金补助。藏纸的原材料是狼毒草，其有一定的毒性，根茎很有韧性，纤维性很强，用它做出来的藏纸非常有韧性，且耐磨损，不怕虫蛀，可以长久保存。狼毒草长在海拔4600米以上的地方，不易采摘，生长周期长，只有5至7月份才有。

过去，藏纸主要用于制作经书卷册、政府文札、档案卷宗和日常书写，用藏纸印制的经典古籍，保存千年仍完好无损。如今，旅游业的快速发展给藏纸带来了无限商机，以藏纸为原料的皮纸绘画、雨伞、太阳帽、礼品包装等工艺品热销西藏各个旅游景点，让游客们爱不释手。

尼木雪拉藏纸

在这些造纸术的传人们，在藏族人民的帮助下，经过多年的苦苦探索实践，不仅找到了新的造纸原料，而且还逐步形成了独特的藏纸生产工艺。

藏族的造纸原料是青藏高原的野生植物，如狼毒草，藏语称为"热加巴"（意为"一根根独立的鞭状花"），这是一种多年生草本植物，属瑞香科，生长于高海拔的山坡和牛场上，因它含有毒汁，藏民们便给它取了这样一个名字。狼毒草根系大，吸水能力强，可入药，能散结、逐水、止痛、杀虫，外用可治疥癣、皮肤瘙痒等，它的茎部和根部都可用来造纸。因有一定的毒性，反而具有不怕虫蛀鼠咬、可长期保存等特点，颇显藏纸的特色。正因为如此，布达拉宫、大昭寺、萨迦寺等处收藏的各类经典所用纸张大都是藏纸。类似狼毒草这样的野生造纸原料的发现和利用，是藏族人民对我国造纸术的一大贡献。

查理赋诗盛赞藏纸

藏族使用的造纸设备，简单可行。造纸工艺一般都有去皮、划捣、蒸煮、沤制、漂洗、捣料、打浆、抄造等环节。捣料一般不用踏碓，而用木椎或杵臼。内地传统上用的是一张帘子反复入水池捞纸的"抄纸法"，而藏族用的则是把纸浆倒进纸框，然后连框一起露天自然干燥的"浇纸法"。用浇纸法造的纸质地厚实，不适合柔软的毛笔，却适合藏族的硬笔书写。

清代乾隆年间，四川布政使查理到藏族地区参观纸坊的造纸过程后，写了一首《藏纸诗》（收录在黄沛翘的《西藏图考》卷三中），对藏纸极力称赞："质坚宛茧练，色白施浏亮。涩喜受隃麋，明勿染尘障。题句意固适，作画兴当畅。裁之可弥窗，缀之堪为帐。何异高丽楮，洋笺亦复让。"大意是说，藏纸坚韧如丝绢，洁白受墨，既适合书写作画，又可作纸帐、糊窗，其纸的质量不亚于高丽的楮皮纸，更不输于当时欧洲的洋纸。

练：白绢。浏亮：明朗。

涩：不滑润。隃麋（读yúmí）：即"隃麋墨"，古代隃麋（今属陕西省宝鸡市千阳县）所制的墨为贵，故名"隃麋墨"，后世因借指墨或墨迹。尘障：原指飞扬障目的尘土，后指尘世、人间。

弥：弥补、填满。缀：连缀、连接。堪：能，可以。

高丽楮：即指高丽纸。高丽，朝鲜历史上的王朝（918~1392年），我国习惯上多沿用来指称朝鲜或关于朝鲜的事物；楮，落叶乔木，叶似桑，树皮是制造桑皮纸和宣纸的原料，古时亦作纸的代称。洋笺：指当时从外国进来的机制纸。

西藏工匠造纸图

在蔡伦的造纸术公布后不久，维吾尔族皮纸就诞生了；而新疆破布纸在近代的出现，纠正了西方千百年来破布造纸是由撒马尔罕的阿拉伯人于8世纪所发明的错误结论；维吾尔族造纸技工在抄纸过程中使用的纸帘是用当地野生的芨芨草杆编的草帘，这无疑昭示了维吾尔族先民们的聪明才智。

维吾尔人

天山脚下维族皮纸

维汉文化交流小史

在中国西北边陲新疆，有一座白雪皑皑的天山，天山脚下聚居着一个能歌善舞的少数民族——维吾尔族。"维吾尔"是维吾尔族的自称，意为"团结""联合"。

根据维吾尔族的发展史记载：维吾尔族与突厥族早先同出于匈奴民族，因匈奴族单于（统领匈奴的头领）的两个王子发生争斗而分裂，他们便各自带领自己的部下而逐渐形成了突厥和回鹘（回纥）两个不同的民族，回鹘就是维吾尔族的先民。唐天宝三年（744年）回纥消灭突厥汗国，居住在鄂尔浑河和色楞格河沿岸的回纥人建立了回纥汗国，与唐朝长期友好，并与唐多次和亲。唐文宗开成五年（840年），回鹘汗国破灭，回鹘人绝大部分被迫南下与西迁，其中一支

回鹘（huí hú）即回纥，是中国的少数民族部落，主要分布在新疆，此外在内蒙古、甘肃、蒙古以及中亚的一些地区也有散居。汉文史料中"回纥"一词来自古回纥文，回鹘之名来源于部落韦纥、乌护。788年，回纥改名回鹘，取意为"回旋轻捷如鹘"。回鹘是奴隶制社会，人逐水草而居，其政权组织沿用突厥汗国制度。回鹘人通行回鹘语，属阿尔泰语系突厥语族，回鹘人最初使用突厥文字，后来使用回鹘文，也使用汉文。

回鹘部众来到天山以北，以西州（即高昌，今吐鲁番盆地）为中心建立起高昌回鹘政权，其政权一直存在到元朝中期。隋唐时期，新疆境内的高昌回鹘政权加强了与中原地区在政治、经济、文化上的联系和交流，使得他们的生产力和经济文化发展水平接近了内地。长期以来，他们与当地各族人民共同生活，劳动生息，相互交流，逐渐融合，发展成为今天的维吾尔族。

新疆破布纸的发现

20世纪以前，西方普遍认为破布造纸为撒马尔罕的阿拉伯人于8世纪所发明。这直到1904年斯坦因把他在新疆第一次发掘所得的一些纸张送到威士纳，经检验发现，其中有以桑树皮为原料、以破布为填充物的情形，尽管并不是全部用破布来作为原料。而这些纸张都是公元2~4世纪的产物，这样就比阿拉伯人的发明提前了几百年，也就动摇了西方世界认为阿拉伯人是破布造纸的发明者的结论。最后到了1911年，斯坦因把第二次在长城烽燧遗址发现的9张在蔡伦发明造纸（105年）后不到50年内所写的书简的纸样送到威士纳，检验结果证明这些纸张全都是用破布造成。这样一来，直到1911年止认为由阿拉伯人于8世纪所发明的破布造纸，现在又上溯到2世纪初（即中国史籍所载的）由蔡伦所发明的破布造纸，就已经证明是确凿无疑的了。

在新疆发现的这些纸张，在加料和裁制（后）以便书写方面，已有许多显著的进步。第一步的改良，是在纸外涂上一层石膏，使它便于吸收墨汁，接着又采用植物胶，此后又掺入淀粉，最后把淀粉调制成薄浆，或专用粉浆。浸溶的方法也有改良，减少了对纤

晚年的斯坦因

斯坦因（1862~1943年），全名为马尔克·奥莱尔·斯坦因，原籍匈牙利，1904年入英国籍，世界著名考古学家、地理学家和探险家。他是今天英国与印度所藏敦煌与中亚文物的主要搜集者，也是最早的研究者与公布者之一。曾经分别于1900~1901年、1906~1908年、1913~1916年、1930~1931年进行了著名的四次中亚考察，考察重点是中国的新疆和甘肃，所发现的敦煌、吐鲁番文物及其他中亚文物是今天国际敦煌学研究的重要资料。

伏羲女娲图

阿斯塔那古墓群距吐鲁番市约40千米,是古代高昌王国城乡官民的公共墓地,整个墓葬群共有古墓葬500余座,总面积约10平方千米,它以埋葬汉人为主,同时葬有车师、突厥、匈奴等少数民族居民。素有"高昌的历史活档案,吐鲁番地区的地下博物馆"之称,受到中外考古界、历史界的广泛重视。自1959年以来,考古工作者先后对其进行了13次考古发掘,清理出西晋至唐代(3世纪中叶~8世纪末)墓葬400余座,但大部分已被中外盗墓人洗劫(早在19世纪末,吐鲁番文书就先后遭到来自俄、英、德、日的掠夺,现分藏于日、英、德、俄、美、土等国,总数5万多件,其中汉文文献4万多件)。

墓中所见的绘画有壁画(著名的有《伏羲女娲图》壁画)、版画、纸画、绢画、麻布画等多种形式,内容可分为人物画、花鸟画

维的伤害,这样使得造出来的纸张更为坚韧。

新疆出土高昌文书

1972年,在吐鲁番阿斯塔那古墓中,出土了一张纪年为高昌王麹(qū)文泰重光元年(620年)的文书。这张白色皮纸的文书上写有"纸师隗(kuí)显奴""碑堂赵师得""鹿门赵善喜""兵人宋保"等字样。"碑堂""鹿门""兵人"都是当时高昌政权的行政职务,从而推出"纸师"也应当是一种职务,隗显奴大概是麹氏当时专门掌管造纸业的匠师。

同年,在吐鲁番阿斯塔那167号墓中,出土了另一件纸本文书。这张纸上写有"当上典狱配纸坊驱使"几个字,意思是说,拟将监狱中的一些犯人送往纸坊劳动。这是迄今新疆出土文书纸中,有关当地设有"纸坊"的最早记载。从该文书纸张的墨迹来看不晚于中唐,大约写于8世纪。从这张文书纸的制作形式来看,基本上可以确认为当地所造。

芨芨草杆编抄纸帘

高昌时期,维吾尔族的造纸从原料、工具到抄造技术都有自己的特点。例如他们虽然像汉族那样都以破麻布为原料,但他们在抄纸过程中使用的纸帘却不是汉族所常用的竹帘,而是用当地野生的芨芨草杆编的草帘(如上文所述的167号墓中的那张纸为肤色麻纸,粗帘条纹,帘纹呈半圆形弯曲状,在技术上证明它不是用中原地区常用的竹帘抄造的,因为用竹帘抄造出的纸,其帘纹应该是笔直的)。芨芨草是一种高大多年生密丛禾草,茎直立,坚硬,分布在新疆、青海、宁夏、甘肃等中国的北方地区。在不生长竹子

的西北，采用当地所产芨芨草，用丝线或细马尾编制成抄纸的草帘，正像藏族先民们用当地的狼毒草作造纸的原料一样，无疑昭示了维族先民们的聪明才智。经专家们对大量出土的新疆纸本文书和典籍写本的检验，也证实了古代的维吾尔族造纸技工是用芨芨草帘抄纸的。

神奇的芨芨草

新疆天宏纸业为了解决造纸原料缺乏的问题，在废弃的盐碱地上，人工种植了2万多亩芨芨草，获得成功。试验发现，用芨芨草的秆做出的纸浆比进口的阔叶松的纸浆还要好。

记者与陪同参观的天宏纸业的领导来到草丛中，一丛丛的芨芨草已有人高。据说，芨芨草最高可以长到3米多呢！这正是：古代芨芨草已做贡献，今日芨芨草再立新功！（原载2002年8月14日《人民日报》）

和天文图；古墓中出土了墓志，绘画，泥俑，陶、木、金、石等器物以及古钱币和丝、棉毛织物等珍贵文物上万件。此外，还出土各种珍贵的汉文文书2000余件，其中唐朝的最多，约1700多件，高昌王朝时期的700余件，文书前后历时500年，为研究这段历史提供了第一手材料。文书内容广泛，涉及政治、经济、军事、文化等社会生活的各个方面；按文书形式分，有契约、籍帐、官府文书、私人信札、经籍写本、随葬衣物等。这些都向我们展现了古代西域悠久的历史和灿烂的文化，从而有助于我们全方位地去认识新疆，了解新疆。

记者与天宏纸业领导参观芨芨草

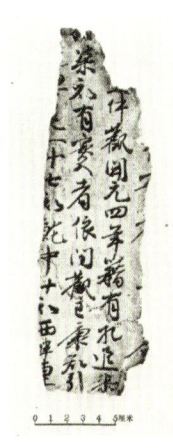

阿斯塔那189号墓出土文书

耶律阿保机塑像

契丹族的丹藏用纸

> 辽朝（907~1125年）是中国历史上由契丹族建立的封建王朝，建国前的手工业并不发达，由于辽太祖初期对中原数次侵伐而俘获了大批的汉人，其中不乏有技艺高超的工匠，因此辽代的手工业才获得了跳跃式的发展。辽代"学唐比宋"的风气反映在造纸术上面，显示出其超唐输宋的特点。

丹汉文化交流小史

准确地说，契丹不是一个现代的少数民族，而是我国北方一个古老的少数民族。他们自称是轩辕氏（黄帝）的后裔，而据史书记载，契丹一名始见于北魏时期。契丹族以游牧生活为主，主要活动于我国北方的潢河（西拉木伦河）和土河（老哈河）一带。一个流传很久的动人传说是：有一男子乘着白马沿土河而来，一女子驾着青牛沿潢河而来，至木叶山（在今内蒙古自治区西拉木伦河与老哈河合流处）相遇，两人一见钟情，结为配偶，生有八子，以后族属渐盛，分为八部（金庸先生的《天龙八部》即是描写他们的故事)。

901年，契丹迭剌部的贵族耶律阿保机乘唐末中原之乱之机统一了各部，907年即可汗位，916年正式建国称帝，国号"契丹"，938年（一说947年）改国号为"辽"，是当时与北宋对峙的中国北方的少数民族王朝，直到1125年为金所灭。

辽在较短的时间内从部落氏族社会过渡形成奴隶制社会，并在向封建社会跃进的同时统治了中国的北方。从建国开始，契丹族便深受中原文明的影响，且对中原文化有着深深的向往之心。契丹人民勤劳勇敢，在与中原和西方各国人民的交往中，融汇众长，结合本民族的文化传统，形成了独具特色的契丹文明，卓有成效地促进了契丹政治、经济和文化各个方面的迅速发展。

千年木塔深藏国宝

从山西省大同市向南行约70千米就是应县，应县城内矗立着一座高耸入云的木塔，它以挺拔的身躯、

"契丹"之名，始见于北齐天保五年（554年）成书的《魏书》。而汉人记契丹事，以《资治通鉴》为最早，东晋义熙元年（405年）初，"燕王熙袭契丹"。契丹称号见于朝鲜《三国史记》更早，东晋太元三年（378年）已有契丹人犯高句丽"北边，陷八部落"。故《新唐书》等明确指出："至元魏，自号曰契丹。"有的学者甚至认为自汉以来即有"契丹"之号；也有的学者认为"契丹"一词出于宇文氏酋长名字之演变，约在西晋末东晋初，其异名已显，意为"镔（bīn）铁"（指的是冶炼质量很高的金属铁）。契丹人用"契丹"这个词来命名自己的民族，象征着他们具有坚韧不拔的性格和百折不挠的精神。另外说法还有："切断"说、"刀剑"说、"寒冷"说、"大中"说等。

由于钦察汗国（13世纪上半叶蒙古人建立的封建国家，为大蒙古帝国的四大汗国之一，以突厥民族为主）自13世纪至15世纪长期是欧洲的霸主，而蒙古人称中国北方为"契丹"，因此后该词泛指中国。在一些国家的语言例如俄语中至今犹称中国为"契丹"。在俄语、希腊语和中古英语中，把整个中国称为"契丹"，在穆斯林文献中常把北中国称为"契丹"，相传哥伦布航海的目的就是寻找传说中的"契丹"。

《辽代李赞华东丹王出行图》（部分）是后唐画家李赞华（899~937年，本名耶律倍，契丹人，辽太祖耶律阿保机长子）创作的中国古画，是表现人物鞍马内容的画，画中绘有六人骑在骏马上，他们各具姿态，衣冠、服饰、佩带皆因身份的不同而各异。现被美国波士顿美术馆收藏。

辽代彩绘珍品《神农采药图》,1974年发现于应县木塔塑身佛像内。此图表现的是赤脚的神农(炎帝)背着药篓,披着兽皮,围着用树叶做成的衣服,一手持药锄,一手举灵芝,走在山间小路上。此图画面清晰,线条流畅,有典型的唐代绘画风格。

端庄的造型和悠久的历史,被国内外建筑学界誉为"天下第一塔"(它与意大利比萨斜塔、巴黎埃菲尔铁塔并称为"世界三大奇塔"),这就是著名的应县木塔。我们这里当然不是向大家介绍这座奇塔之所以历经千年而不倒的奥秘,而是感兴趣下面发生的故事。

1966年10月19日,一位游客在应县木塔的三层佛坛座下拾到一个花式银盒,内装佛教七珍(金、银、琉璃、沉香、玛瑙、赤珠、琥珀)和两颗"佛牙舍利",以及《释迦说法相》等共35件文物。1974年维修木塔时,维修人员发现四层释迦牟尼佛像胸背部开洞,内中深藏有物,便报告给了木塔的管理人员。联想到8年前的那个银盒,木塔的管理人员进行了深入的探测,结果发现了一大批辽代珍贵文物,其中包括12卷辽代《大藏经》。这批经卷纸质硬黄、光洁坚韧,其中5卷有卷首画，3卷有藏经戳记，对研究辽代的造纸术、印刷术的历史具有重要的学术价值。

辽代"丹藏"纸样分析

北宋太祖开宝四年（971年），在印刷术发达的成都，宋朝雕版18万块，印成最早的《大藏经》，通称"宋藏"（《开宝藏》）。辽圣宗时（982~1031年），辽朝也雕印《大藏经》（汉文），通称"丹藏"（《契丹藏经》）。但辽代经卷世间因向无传本，曾被称为"虚幻的辽代《大藏经》"。应县木塔内辽代密藏的发现，否定了辽朝没有《大藏经》的论断。

在"丹藏"雕印后不久，辽朝的邻国高丽也雕印了《大藏经》，通称"丽藏"。辽朝的"丹藏"传入高丽，很受高丽僧人的重视。高丽文宗朝开泰寺僧统守其在《高丽新雕大藏经校正别录》中多次称赞"丹藏"优良，故"丽藏"选定版本时多用《辽藏》。日本人池内宏先生在《高丽朝大藏经》一文中也认为"丹藏"最优秀，对"丽藏"有很大的影响。

1981年5月，北京造纸研究所对应县木塔中发现的辽代丹藏纸样进行了分析研究，认为契丹已较好地掌握了造纸术和印刷术，如抄纸、浆硾、施胶、涂蜡、染色、防蠹等都多有所应用。虽然是作为入塔收藏的经卷用纸，应该选用了当时较好的纸张，但拿这批经卷纸与宋代一般较好的纸相比，质量上仍有一定的差距。纸质中以硬黄纸最多，其次为麻纸与麻纸入潢者，再次为皮纸与皮纸入潢者。这种情况或许与当时山西的造纸有关，辽代的山西平阳（今临汾）当时是出版中心，因平阳少产树多产麻，所以主要是造麻纸，质地坚韧，入潢不蛀。

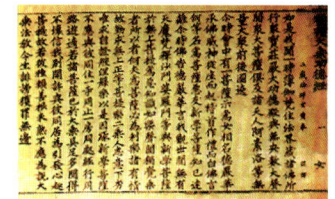

应县木塔所出12卷官版"丹藏"中的私刻本《称赞大乘功德经·女》

应县木塔所出12卷官版"丹藏"中的私刻本《称赞大乘功德经·女》，因保留了同卷"丹藏"原貌，故被视为"丹藏"覆刻本，全部"丹藏"为卷轴装，圆木轴，有的尚存卷首画、竹制签杆、编织缥带。版式疏朗，框高22~24厘米，版广50~55厘米，每张纸纵30厘米左右，四周单线边框，每张纸27~28行，每行17~20字。"丹藏"与现存世上的"宋藏"零卷比较，在书法、刻技、版式、纸质、墨色、刷印、装潢等方面均无逊色。

由党项人在中国西部建立的西夏政权，在不到200年（11~13世纪）的短暂历史中，他们聪明睿智的西夏造纸工匠在汉族输出的造纸术的影响下，因地制宜，用麻和树皮造出了各种各样的纸张，为西夏文化事业的繁荣做出了极大的贡献，也为后人研究西夏的历史留下了宝贵的文字资料。

李元昊塑像

西夏党项族的造纸

夏汉文化交流小史

西夏（1038~1227年）在中国的历史上，是一个以党项羌为主体的多民族封建国家。羌族的祖先与汉族祖先黄帝的臣子们生活在同一时代，那时，他们就是互相来往的哥们儿姐们儿。

东汉时羌、汉反目，羌族的一部进入西藏，是为吐蕃；另一部则散居在青海和四川的西北一带，过着游牧狩猎而不知稼穑的生活。唐末，党项拓跋氏参与镇压黄巢起义有功，其首领拓跋思恭被授为夏州节度使，复赐李姓，被封为"夏国公"，统辖夏、绥、银、宥四州地方（今内蒙古自治区鄂尔多斯市的南部地区），治夏州（今陕西省靖边县红墩界镇白城子村）。北宋仁宗宝元元年（1038年），李元昊称帝，是为西夏景宗，建都兴庆府（今宁夏银川），国号大夏，史称"西夏"。

李元昊本人通晓汉文，利用汉字笔画创制了西夏文字根，后演绎为西夏文。西夏引进了汉族的一些生产技术和设备，还以牲畜、毛皮等来换取汉族的经、史、子、集和佛教典籍，使得西夏的经济文化在原有的基础更上了一层楼。

出土佛经透漏秘密

宋时的西夏所控制的敦煌、酒泉、张掖、武威等陇右地区，是历史上丝绸之路的必经之地，曾经有大量的纸制品和印刷品经此地向外传播。近水楼台先得月，西夏的文化发展不能不受此影响。20世纪以来，在原来西夏的版图上多次出土了大批纸质文献和印刷品，成为颇有说服力的西夏时代的历史文物见证。

夏崇宗（1085~1139年）时出版的西夏文辞书《文海》中，解释"纸"是"白净麻布、树皮等造纸"；专家对出土的西夏纸样进行分析，也证明了其主要原料就是麻（包括"大麻""苎麻"等）和构树皮。1991年，在宁夏贺兰县拜寺沟的一座古塔里，出土的9本书名为《吉祥遍至口和本续》的西夏文佛经，发现是用麻与棉花纤维制造的，这是迄今为止我国最早用棉花造纸的实物证据。

夏仁宗时制定的西夏文的法典《天盛（1149~1169年）改旧新定律令》，其中《司次行文门记载西夏官制》有"刻字司"和"纸工院"等字样，说明当时官方已组织工人在专门的场所里进行造纸和印刷生产，以满足西夏经济文化发展的需要。

《吉祥遍至口和本续》封面书影，现藏于宁夏文物考古研究所

《吉祥遍至口和本续》，包括四种经文，白麻纸本，木活字版精印，蝴蝶装，共有9册，达10万字，是一部西夏夏仁宗（1140~1193年）时期保存较好的藏传佛教经典的西夏文译本。《吉祥遍至口和本续》完本者有封皮、扉页，封皮左上侧贴有刻印的长条书签，书名外环以边框；封皮纸略厚，呈土黄色，封皮里侧另背一纸，有的纸为佛经废页，背时字面向内。该经书在印刷中有版框栏线交角处缺口大、版心行线与上下栏线不相接、同一面同一字笔锋形态不一、栏线及版心行线漏排、省排、经名简称和页码用字混乱、错排、漏排、数字倒置等活字版印本特征，因此这部佛经是迄今世界上发现的最早的木活字版印本，它的发现对研究中国印刷史具有重大的价值。

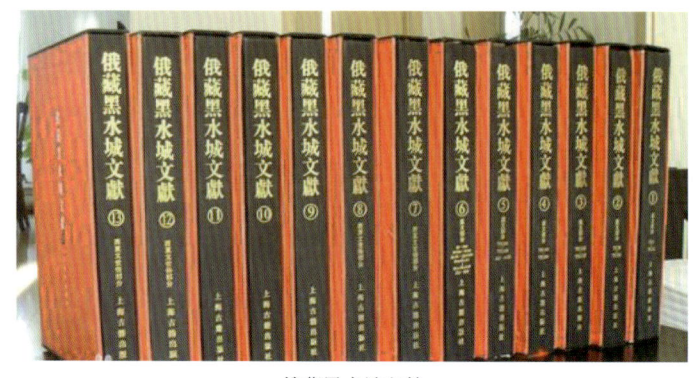

俄藏黑水城文献

黑水城简称为"黑城"，始建于西夏时期，当时西夏王朝在此设置"黑水镇燕军司"。黑城东西长470米，是"古丝绸之路"以北保存最完整的一座古城遗址，这里出土了大量文献文物，其中1909年前后十多年间，俄国人在此挖掘了大量的文献，经过近一个世纪的整理在1996年之后陆续出版，故被称作俄藏黑水城文献。

俄藏黑水城文献共有8000多个编号，内容涉及政治、法律、经济、军事、文化、社会和语言文字等各个方面，是研究中国五代、辽、宋、金、元特别是西夏时期的珍贵资料。由于俄藏黑水城文献绝大多数是西夏文，因此，黑水城文献的发现不仅丰富了我国近代以来发现的考古新材料的宝库，而且还催生了一门新兴学科——西夏学。

黑城遗址沙俄盗宝

在内蒙古自治区阿拉善盟额济纳旗达来呼布镇东南约25千米的戈壁上，有一座西夏、元代古城的遗址——黑（水）城遗址，这是现今已知唯一一座用党项人语言命名的城市。该城建于西夏政权时期，1372年明朝大将冯胜攻破后遭废弃。至今城内的地下还埋藏着丰富的西夏和元代等朝代的珍贵文献，但早先也被外国人盗掘和偷走了不少。

从1909年到1926年，沙俄上校、俄国皇家地理学会会员科兹洛夫以所谓科考的名义，带着全副武装的俄国军队，先后三次跑到黑城里，在城内的官衙、民居、寺庙、佛塔遗址中乱挖乱掘，盗掘和偷走了西夏文献多达8000余种，还有大量的汉文、蒙古文、波斯文等书籍和经卷，以及陶器、雕塑品和绘画等珍贵文物。这批文献数量之多，为整个世界所罕见，是研究西夏王朝和与其同时的宋、辽、金王朝，以及以后的元朝历史的"无价之宝"。

据俄国的专家研究，黑城出土的这些西夏文献用的多是西夏人自己造的纸，"从厚而坚密的、光滑的纸和胶合纸，到薄而透明的、像现代'卷烟纸'一样的纸都

黑水城西夏文物（俄藏）

有，也有少量纸张是涂了鲜黄色的"（陈广恩等，《西夏手工业成就及其在中国科技史上的地位》，固原师专学报1996年第2期）。由此可见，当时西夏的造纸水平已是非常了得，其纸质之精良、品种之繁多，或可与宋纸一决上下呢!

女真造纸比肩南宋

> 女真族是活跃在黑龙江流域和长白山一带的我国一个古老的民族,在它的基础上于12世纪初建立起来的金朝和后来建立起来的清朝,深深地受到了汉族的影响,发展和提高了自己民族的社会生产力。金朝主要是造麻纸和桑皮纸,其质量之佳足可与南宋的纸张一决雌雄。

金宋文化交流小史

女真族早先是散居于关东松花江流域和黑龙江一带(北山黑水)的游牧民族,战国时代为肃慎氏,隋唐时称为黑水靺鞨(mò hé),五代时改称为女真。辽时又分为生女真和熟女真两部,熟女真受辽国统治,生女真却散居关东。北宋末年,生女真族首领完颜阿骨打(1068~1123年)统一女真各部,改国号为金(1115~1234年),相当于北宋徽宗(1101~1125年)到南宋理宗(1225~1264年)时期,是为金太祖,并起兵反辽,后又联宋灭辽,称霸北方。

为了巩固其统治,金将部分汉人迁徙到东北居住,而又将部分女真人南迁到中原,这样客观上就加强了与汉族的融合,接受中原文化对其的影响,学习和仿效唐宋的政治和经济制度,以及汉族的语言等,提高了社会生产力,促进了金代的经济文化向前发展。金熙宗(1135~1149年)以前,宋社会长期战乱动荡,金代经济、文化领域的成就多出现于金世宗(1161~1189年)以后的时期,像造纸、陶瓷、印刷、纺织、火药等都达到了较高的水平,足可与南宋一决雌雄。

山南种麻造白麻纸

金朝虽然侵占了宋朝的北方领土,但在文化等方面则逐渐地汉化,出版和学习汉族的经典史籍。印刷业发达的前提是造纸业的发达,而山西南部早在东汉

完颜阿骨打塑像

时就已开始了造纸。在山西运城市东北25千米的王范村旁有一个蔡伦墓,据《安邑县志》等书记载,"(蔡伦)寓居本县,卒葬于此"。这似乎是在昭示蔡伦生前极有可能到过安邑(今山西运城)传授造纸术。

在金、宋连年的战争中,山西南部创伤较轻,生产破坏较少,造纸业仍极为发达,成为金代发展文化事业的基础。平阳(今临汾)地处山西南部,沃野千里,物产丰富,唐代时已成为大郡;北宋建置平阳府,那时这里已兴起刻书之风。金朝时,政府在平阳府设立经籍所(相当于后来的官书局),管理民营书坊和书铺,并出版书籍。平阳一带种植桑、麻(刘迎的《上谷》诗云:"桑麻数百里,烟火几万户"),这都是造纸的绝好原料,所造的白麻纸,质地坚韧,入潢不蛀。而邻近的绛州(今山西绛县、稷山县)又盛产刻版用的枣木、梨木,北边的太原府又有造墨场,木、纸、墨取材都比较方便,这样就使得平阳府取代了汴京(开封)而成为黄河以北的书籍出版中心。像浩大的《赵城金藏》,共有7100多卷,全部都是由民间集资雕造,前后花了30年时间才印成,如果没有大量的源源不断的佳纸供应又怎么可能呢!

女真族一名,最早出现在7世纪。《金史》是这样记述女真族的起源的:女真族的始祖完颜函普,有兄阿古迪,弟保活里,原本生活在高丽。在唐朝贞观年间(627~649年),因氏族离散,年逾60的函普,带着他的弟弟离开了家乡。走到完颜部时,正巧碰上人们互争财物发生械斗;函普就上前调停,很好地平息了事态;事后完颜部送给了他一头青牛作为酬谢。他便用这头青牛作为聘礼,和当地一个60岁老妇人的女儿结了婚,婚后生下了两男一女,他和他的子女们理所当然地就都成为了完颜部人。

《赵城金藏》,始刻于金皇统八年(1148年)解州天宁寺,大定十三年(1173年)才告完成,现收藏于山西博物院

金章宗与书画用纸

金代书法绘画也很流行，《金史·文艺列传》记载，北宋著名画家、书法家米芾之婿吴激"工诗能文，字画浚逸"（金末诗人元好问认为，吴激"南朝千古伤心事"等篇，自当为国朝第一手），他原为宋臣奉命使金，因知名度高而被强留并仕于金。在北宋覆亡前后，有一批著名才子像吴激那样被强留而不遣返的，还有宇文虚中（先被金尊为"国师"，后因图谋南奔而被杀）、高士谈等，《金史·宇文虚中列传》里说，"南来士大夫"家家都有"图籍"。《金史·百官志》记载，秘书监下游书画局，"掌御用书画纸扎"，所造的都是高级书画纸，这当然也与金皇族宗室中喜爱书画者的推动大有关系，这样一批宋代的优秀文人和书籍留在了金朝，对于金的文化事业的促进是显而易见的。

如金章宗自幼就接受了女真文化和汉文化的良好教育，是金朝诸帝中受汉化最深的一个君主。他善作诗词，长于书法绘画，写汉字瘦金书可与宋徽宗御笔乱真，也很讲究用纸，非佳纸、良墨不肯挥毫。据传他写的一首题为《聚骨扇（折叠扇）》的题扇词，玲珑剔透，词体号小而蕴涵丰富，让人回味无穷。

> 《蝶恋花·聚骨扇》
> 　　几股湘江龙骨瘦。巧样翻腾，叠作湘波皱。金缕小钿花草斗，翠条更结同心扣。
> 　　金殿珠帘闲永昼。一握清风，暂喜怀中透。忽听传宣须急奏，轻轻褪入香罗袖。

耀州造到宝券纸印

此印为陕西省西安市发现，铜质，矩形钮，阳文九叠篆书。此印即耀州制造"贞佑宝券纸"厂所用的印。这种宝券纸，根据《金史·食货志》记载，是以桑皮故纸为原料，所征之钱名曰"桑皮故纸（即废纸）钱"。

金代因商品经济的发展，也像宋代那样发行纸币。不过，发行时间稍晚于北宋，在海陵王贞元元年（1153年）至金宣宗兴定元年（1217年）之间，至少经历70年之久。

南诏德化碑门

南诏国的彝族造纸

彝汉文化交流小史

我国西南部的云南，自古以来就是各族聚居，名号繁杂。战国时，楚将庄𫏋（qiāo）（？~公元前256年，楚庄王之苗裔，战国时期反楚起事领袖和楚国将军。他生平中有两件大事，一是反楚起事，二是入滇）率兵到达滇池，建立滇国，带去了较为先进的楚汉文化。唐玄宗年间，蒙舍诏主皮罗阁在云南建立了以白蛮（白族祖先）文化为基础的乌蛮（彝族祖先）、白蛮贵族的联合政权——南诏国（738~902年）。

南诏立国，起到了促进云南各民族交流融合的作用，白蛮的经济文化水平比汉族以外的其他少数民族都要高，并且越来越显示出向汉文化看齐的趋势，这对强盛南诏的国力，促进云南的政治、文化等发展都大有裨益。

世世代代生活在我国西南地区的彝族同胞，历经了从原始社会、奴隶制社会、封建领主制和地主制社会，再到半殖民地半封建社会长达3000多年的历史发展过程；而8世纪南诏国的建立，则标志着彝族奴隶制社会发展的最高阶段。所以，如果说，南诏在历史上曾经起过一定的进步作用，那就是使云南各少数民族原来落后的政治、经济和文化有了不同程度的提高，这当然也包括了造纸术。

南诏德化碑现存云南省大理市境内的南诏德化碑公园内，碑立于公元776年，是南诏王阁罗凤被迫叛唐投吐蕃以后，为说明"阻绝皇化之由，受制西戎之意"不得已叛唐而立的。

石碑阳刻正文3800余字，今仅存220字，着重叙述了南诏和唐朝原来的密切联系及双方交恶的经过，双方三次兵戎相见，最后南诏归吐蕃的过程。石碑阴刻41行，3000余字，现仅存556字，内容为南诏重要职官题名。

南诏德化碑为研究南诏的形成、社会制度、职官制度，云南各民族的关系，南诏与唐王朝以及与吐蕃的关系等，提供了极其重要的文献资料。

南诏德化碑拓片

不仅如此，南诏国还通过当时几条著名的交通线如滇藏的"茶马古道"等，与东南亚乃至中东地区都有频繁的贸易往来和文化交流。尤其是印度的佛教传入云南后，对南诏的科学技术发展产生了深远的影响。

对外扩张与造纸术

纸是文明的象征，意味着记载历史和传承文化；战争是野蛮的表现，代表着破坏与毁灭。但是，在云南的历史上，造纸术的传入却与南诏国的几次对外扩张密不可分。

据《新唐书·南诏传》记载：唐大和三年（829年），南诏将军蒙嵯（cuó）巅发动全国兵力，向唐发动战争，剑南节度使杜元颖是个贪婪昏庸的老官僚，边境上竟毫无防备，结果蒙嵯巅攻陷唐朝的重镇成都，掳去数万人及抢掠财物无数。当南诏国的大军押送着唐朝的老百姓抵达大渡河边时，蒙嵯巅对他们说："河对岸就是咱们的南诏国，现在你们可以在这里哭别你们的故乡。"老百姓都抱头痛哭，竟有几千人投河自杀！唐代的成都是当时造纸颇为发达的地区，在被俘的人群中极可能有造纸技工，从而把造纸术传给了南诏人民。

另外还有一种可能就是南诏国的造纸术是从越南一带传入的，南诏曾两度攻入安南交趾城（越南河内），而越南早在公元4世纪时，就以善造"穀皮纸"（即构皮纸）和"侧理纸"而闻名于世。今天我们所见到的南诏国古纸也极类似于穀皮纸。所以，南诏攻入安南掳掠时，也有可能是被俘的安南造纸技工把造纸术传给了南诏人民。

九渡彝族土法造纸

南诏是以乌蛮为君主的西南小国，彝族造纸从那时就开始了。当时云南用纸的情况已有见于史籍的，如唐·李肇《翰林志》中就记载有"南诏及大将军清平官（南诏官名，相当于唐之宰相）用黄麻纸"，当

李肇（约813年前后在世），字里居，早年为监察御史。唐宪宗元和十三年（818年）升迁为翰林学士（与白居易同时）、元和十四年（819年）迁升为右补阙、元和十五年（820年）司勋员外郎，唐穆宗长庆元年（821年）正月出守本官，十二月被贬为澧州刺史，唐文宗大和初年（827年）官至中书舍人。著有《翰林志》等并传于世。

《翰林志》是我国古代的一部笔记著作，唐代李肇撰，一卷。成书于元和十四年（819年），时作者任翰林学士。本书记载唐代翰林职掌沿革。记翰林典故之书，以此为最早。"翰林院"是唐代开始建立的官署名，为各种文艺技术内廷供奉之处。唐玄宗时另建"学士院"，选任有文学的朝臣充任翰林学士。至德宗以后，翰林学士成为皇帝最亲近的顾问兼秘书官。唐代后期，往往即以翰林学士升任宰相。"翰林志"可以释为"有关翰林院的记载"。

原料竹茂

檀萃（1725~1801年），字岂田，望江县人，乾隆二十六年（1761年）进士，先后任贵州清溪知县、云南禄劝知县。乾隆四十九年（1784年），檀萃奉命运解滇铜赴京，途中翻船，生铜六万余斤沉入水底，檀萃被革职查办，流放云南。檀萃著述颇丰，有《黔囊》《滇海虞衡志》《滇南诗集》《南诏野史》《顺宁府志》《禄劝县志》《元谋县志》等书问世。

据传檀萃小时候读书不聪。有一年他因塾师提出要他退学，被父亲拿木棍打了一顿。父亲将扁担横绑在他身上，然后喝斥他"滚开"。檀萃的老婆吓得连声念"阿弥陀佛"。檀萃一歪身，竖着扁担，侧身进了内房。这时，父亲认为他还有点心窍，塾师也觉得他还可以继续念书。塾师随即出了一句上联："父督师严，妻念阿弥陀佛。"檀萃似乎突然变聪明了，对道："君危国难，臣当救苦天尊。"塾师听了，十分高兴。从此，檀萃发愤攻读，后来终于中了进士。

然这里提到的"黄麻纸"可能是产于四川成都的黄麻纸，不一定是南诏所造，此纸当时就负有盛名。彝族是有自己的文字（也称毕摩文）的，据专家研究这种文字在南诏时就应该有了。彝族的文献所用纸则大多数来自于禄劝彝族地区（今属云南省昆明市辖郊区、县），这种禄劝纸在清·檀萃的《滇海虞衡志》一书中已有记载，它大概与白棉纸相接近，所以，其造纸工艺也有可能来自白族的传授。

此外，离昆明较近的禄丰县恐龙山镇九渡村的土法造竹纸也有悠久的历史。九渡村的造纸材料主要是竹子，原因是位于星宿江河畔的九渡有长达10千米的千亩竹海。当地造竹纸一般有7道比较大的工序：选料、浸泡、碾压、下槽、压水、烘烤、包装。竹纸造好后，人们用它来学习写字，包装东西，作卫生用纸，祭祀神灵等。九渡造纸工艺技术古老，且整个工艺保存完整，并传承至今；造出来的纸张纸质优良，普及范围广泛。所以，2005年9月，九渡村土纸制作工艺被楚雄州人民政府列入第一批州级保护名录，而当地彝族造纸老艺人佘光跃则成为土纸制作的主要传承人。

成品纸

大理国的白族造纸

白汉文化交流小史

白族先民是我国新石器时代延续下来的云南最大的土著民族,是洱海和滇池地区农业文化(包括畜牧和渔猎文化)的创造者。南诏国被灭了以后,云南相继建立了几个短命的小王朝,直到白蛮贵族段思平于937年建立大理国。段氏的先世是武威郡(凉州)汉族人,"南诏德化碑"上列名首位的大臣段忠国就是段思平的六世祖。有了这样的历史和家庭背景,段氏所建立的大理国愈益推行汉文化就是很自然的事了。而乌蛮和其他一些落后少数民族,因受到白蛮文化的影响,其文化发展也有不同程度的提高。1253年,大理国被南下的元军所灭后,云南和内地就合并为一体,而白族和汉族也就融合在一起了。

佛教传播与造纸术

如果说南诏国时期造纸术的传入是伴随着血与火的战争,那么,在大理国时期造纸术的盛行就是佛教传播和抄写佛经的需要了。

假如我们把镜头拉回到八九百年前大理国时代的云南,就会发现在这个滇西一隅古老的国度里,从国王到臣民几乎人人都笃信佛教,皆通佛礼。家无贫富,皆有佛堂;人不以老壮,手不释佛珠;男子以出家为僧为荣,就连大理皇帝也宁愿放弃皇位而出家为僧。大理山山有寺,寺寺有僧,人们都把烧香拜佛当成了一种道德追求,由此可以想见当时大理佛教之空前盛况。据文献记载,佛教于唐初即传入大理,其寺院林立,有"妙香

> 白族是我国西南地区文化比较发达的一个少数民族,继南诏之后而以白族人为王的大理国,虽说是个西南小国,却素有"文献名邦"之称。作为文化发达的标志之一——造纸术很早就由内地传入了白族地区,并由勤劳聪明的白族人民因地制宜造出了具有本民族特色的纸张来;这样,他们不仅影响和带动了云南其他少数民族的造纸术的兴起和发展,而且为向缅甸、印度、泰国等周边国家输出和传播造纸术做出了很大贡献。

段思平

段思平（893~944年），大理喜睑（今喜洲）人，大理国的缔造者。祖籍甘肃武威，先世移居云南，融入白蛮，成为白蛮（今白族）大姓，世代为南诏大臣。在南诏国时期段思平祖上虽是簪缨（zān yīng，古代达官贵人的冠饰，簪为文饰，缨为武饰；后遂借以指高官显宦）世家，威名显赫，但是到段思平出生时，家道中衰，已成为没落贵族。

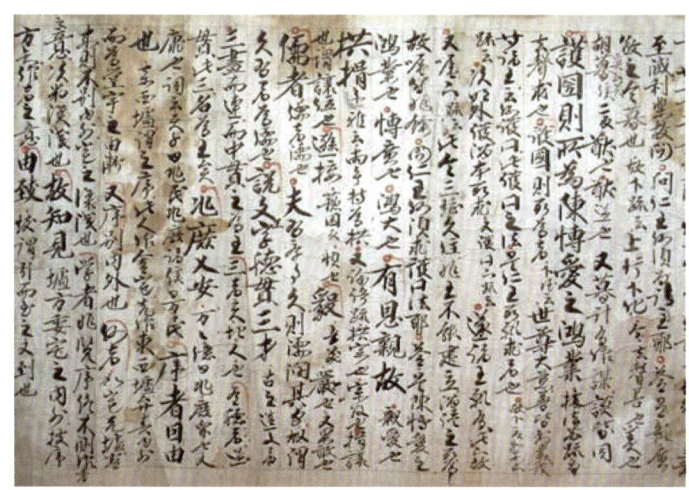

《护国司南钞》五卷，（唐）释玄鉴集，南诏安国圣治六年（894年，即唐昭宗乾宁元年）写本，内容为《仁王护国般若密多经》的正文及注释，是为了"防泣路、备迷方"，作者为指南而抄写的，字体为行草书，劲秀兼长，有晋人笔意，载体为鹤庆白棉纸，卷轴。

佛国"之称。

既然佛教如此盛行，那么造出的纸张大量被用来抄写佛经佛典就没有疑问了。而抄写佛教经典对纸张的质量要求之高和数量要求之多在所难免，于是造纸术也就达到前所未有的水平了。1956年，在大理凤仪镇北汤天法藏寺发现了3000余册佛教经典，其中两卷《护国司南抄》和《保安八年写经》成书于1052年（即大理国孝德皇帝段思廉保安八年），是现存的云南地区发现的最早纸张。这些纸张薄而坚韧、质白泛黄、纤维均匀、表面平滑，造这样的纸在选料、浆灰、洗涤等工艺方面都有较高的要求，而且还要求有熟练的抄纸技术。这两卷经书纸宽0.306米，长1米左右，最长的达到1.316米，远远超过了当时唐代的古纸。至今我们还无法解释大理国是用什么方式造出的这样的纸张。看来，佛教在大理国的广泛传播的确促进了造纸术的发展。

今天鹤庆六合白族制造白棉纸

大理白棉纸的传承

上面说到的那些佛经用纸质之白与今天云南鹤庆县白族所造纸极其相似，而现在所造的白棉纸的原料就是构树皮，所以，可以推测当时大理国造纸用的原料也应该是构树皮。从历史上来看，大理白族很早就大量种植柘（zhè）树（南诏时称"构树"为"柘树"），唐安南（今越南河内）经略使（军事长官）蔡袭的幕僚樊绰在所著的《蛮书》卷七（862年）上说，南诏没有桑树，大家都种柘树，有的村民种的柘林"多者数顷，耸干数丈"。这也从某个方面印证了我们的推测，并由此可见大理国当时造这种白棉纸所用的原料是源源不断的。

明清时期，大理白族造的白棉纸因质量上乘获得了很高的声誉。明《景泰云南图经志书》（1455年）卷五"大理府"里说，药师井，在城西门外一塔寺左，"冬温夏凉，郡人用此水造纸，其色洁白"。清·倪蜕《滇小记·云南纸》（1875年）也称赞"大理纸光致莹洁，坚实精发，盖水孕苍山，得川原之灵气为多……明时进本（指进献给皇帝的书籍版本）亦用此纸，并以造笺"。清代时大理纸还作为宫廷贡纸。白族造的手工纸品种有草纸、白棉纸、红青梅纸（竹纸）等。其中白棉纸质薄而韧性好，不仅易于托墨吸水，而且耐搓揉，远销缅甸、印度、泰国等国。当时大理古城从南到北的主街上有许多纸铺，号称"平时纸铺四十店，街天纸摊一百八"。一首白族民歌这样唱道："买纸要进大理城，城北做纸城南卖，卖给读书人。"说明当时大理纸业的繁荣昌盛。当时鹤庆已是造纸中心，民间曾有谚语云："安徽宣纸甲天下，鹤庆棉纸誉云南。"鹤庆县现仍保留有传统的手工造纸法，六合、龙珠等地由于原料丰富、水质很好，主要生产白棉纸和竹纸。

鹤庆的造纸术大概始于元代，在大理州文管所保存的佛图塔出土的经卷中有《大通方广经》残卷，卷末有"玄化寺内造镇""造经施主三宝弟子某某某修"等字样，另一《大通方广经》残卷上有"至正二十六年太岁丙"等字，所以，很可能元代至正二十六年（1366年）鹤庆的玄化寺已成批制造经卷了。

鹤庆白棉纸的产地主要在鹤庆六合乡一带的灵地、上木禾、地基蜜、松园、濞龙等白族村庄，而以灵地最多，全村300多户人家，有三分之二以上的人家都在造白棉纸，以每户人家为一个造纸作坊单位。并且他们几乎一年四季都在造纸，造纸是村民收入的主要来源。

六合白棉纸生产工艺流程为：1.浸泡；2.加石灰；3.蒸煮；4.去灰；5.压榨；6.抹灰；7.二次蒸煮；8.洗涤；9.舂碓；10.加药；11.捞纸；12.榨水；13.揭坑；14.裁齐。（朱霞，李晓岑《白族的手工造纸》，原载《云南社会科学》1998年第6期）

造纸技术远播海外

"旷世奇才几宗平常事推动环球历史，惊天伟绩一张蔡伦纸更新人类文明。"（许焕杰语）公元8世纪后，曾经为中华民族带来了荣耀的蔡伦纸（手工纸）与造纸术，开始沿着东、西方路线逐渐地传播到世界各地，它们和中国的其他三大发明一起走出国门，为欧洲的文艺复兴和资产阶级革命提供了强大的武器，给世界人民带去了科学和文明的福祉。

> 朝鲜是中国东部的近邻，"近水楼台先得月"，所以，中国的造纸术发明出来不久就传到了朝鲜。朝鲜人民聪明勤劳，造出的高丽纸"色如白绫，坚韧如帛"，输出到中国后深受文人骚客的喜爱。

山水相连技传朝鲜

高僧入百济　传授造纸术

朝鲜（本文所说的朝鲜包括今日的朝鲜和韩国）位于亚洲大陆的东部，北面与中国隔江（鸭绿江、图们江）相望，自古以来，它就是跟中国山水相连、唇齿相依的友好邻邦。

根据考古所知，朝鲜北部发现过打制旧石器（旧石器时代始于公元前50万年），新石器原始居民的遗址遍布各地。公元前5世纪，朝鲜开始进入青铜器时代，随之而来的是迅速发展的铁器时代。

公元前3世纪末，历史上记载了这样一件事，据《史记·宋微子世家》等书里说，西周灭商之后，商朝遗臣、商纣王的兄弟箕子被周武王封于朝鲜（史称"箕子朝鲜"），箕子受封之地即今之平壤（朝鲜平壤原来有一座箕子陵，是其遗迹。1959年春，为建设牡丹峰青年公园，金日成下令毁掉了此陵）。公元前2世纪初，燕国人卫满率移民进入朝鲜，随后推翻了箕子朝鲜政权，在平壤建立了卫氏政权（史称"卫氏朝鲜"）。

公元前2世纪末，汉武帝灭了卫氏朝鲜政权，在朝鲜中北部设立乐浪、玄菟、临屯、真番四郡，史称"汉四郡"。以后，朝鲜半岛逐渐形成了三个国家，这就是：在北部鸭绿江两岸的高句丽（公元前427~668年），在半岛西南部的百济（18~660年）和在东南部的新罗（公元前57~935年）（史称"北韩三国时期"）。其中高句丽

箕子，名胥余，殷商末期人，是文丁的儿子，帝乙的弟弟，纣王的叔父，官太师，封于箕，在商周政权交替与历史大动荡的时代中，因其道之不得行，其志之不得遂，"违衰殷之运，走之朝鲜"，建立东方君子国，其流风遗韵，至今犹存。

箕子与微子、比干，在殷商末年齐名，并称"殷末三仁"。孔子《论语·微子》中曰："微子去之，箕子为之奴，比干谏而死，殷有三仁焉。"

1947年母子二人在朝鲜平壤箕子陵留影（网上拍卖照片）

与中国陆上接壤，中国汉魏的北方文化传入高句丽；高句丽又与东晋及南朝通使，吸取了长江流域的文明。百济也既通使北朝，又与南朝往来。当时朝鲜半岛知识界以"五经三史"为普及读物，通行汉字，中国纸本书当然也会流入。

据《朝鲜史略》上记载："百济自开国以来，未有文字。近肖古王（？~375年）以高兴（原籍不详，一说原乐浪郡汉人）为博士，始有《书记》（百济的汉文史书，但此书已失传）。"近肖古王在位期间，相当于我国的东晋时期。这就说明，百济于4世纪中叶才开始用纸，并有了书籍。

百济15世枕流王（384~385年在位）即位那年，东晋高僧摩罗难陀奉命带队从山东出发，扬帆启程渡过黄海，来到隔海相望的百济国弘扬佛教。他们随船

卫满（姬姓卫氏，卫国宗室后裔），战国时期燕国人，卫氏朝鲜（或称卫满朝鲜）建立者。西汉初年，卫满率众东渡浿水进入朝鲜半岛，投靠箕子朝鲜。箕子朝鲜君主箕准拜卫满为博士，将箕子朝鲜西部方圆数百里土地封给卫满，让卫满守护箕子朝鲜西部边境。卫满等到力量聚集雄厚后，便驱逐箕准，自立为王，定都王险城，建立卫氏朝鲜政权。

当时汉朝正值汉惠帝、吕后执政时期，汉朝天下刚刚安定，辽东郡的太守便与卫满约定：让卫满做汉朝的外臣，保护边塞外的蛮夷部族，不让他们到边境来骚扰抢夺；蛮夷部族的各位首领想到汉朝觐见天子，不要禁止。因此卫满得以凭借他的兵威和财物，侵略、招降周围的小国，真番、临屯都来投降归属卫满，卫满统辖的地区方圆达数千里。

卫满死后，王位传到其孙卫右渠时，汉朝皇帝汉武帝因卫右渠阻挠邻近部族向汉朝上书言事，再加之卫右渠出兵杀害辽东东部都尉涉何，于是就出兵消灭了卫氏朝鲜。

近肖古王是朝鲜北韩三国时期百济的第13任君主,名余句,是百济第11任君主比流王的次子。在近肖古王之前,百济的王位一直在第5任君主肖古王和第8任君主古尔王的后裔之中交替地世袭,近肖古王在百济第12任君主契王去世后继位,标志着这种轮回的结束和肖古王世袭的最终胜利。百济在近肖古王在位期间达到了鼎盛时期,369年,百济吞并了所有残余的马韩部落并将洛东河以西的伽倻纳为臣属,此外并有力地回击了高句丽的进攻。371年,百济太子近仇首王率领3万军队拿下平壤,并处死了高句丽故国原王。百济从此称霸黄海,并控制了朝鲜半岛的大部分地区。

带着包括纸写本佛经的各种书籍,随行人员中也有懂得造纸术的纸工。他们到了百济后,就向枕流王献上很多书籍,而且还介绍了中国的造纸术,因此受到了枕流王的盛大欢迎,被待为上宾。所以,《朝鲜史略》又记载:"枕流王立,晋太元4世纪末,百济才有学校。"由此可知,大约在4世纪末,中国的造纸术在朝鲜半岛传播开来。

需求难满足　激造高丽纸

因为办教育、兴学校,需教材、要纸张,这样仅仅从中国进口纸张就远远不能满足需要,于是百济圣明王的第三子琳圣太子(据说他是日本大内氏的先祖)就组织工匠仿制纸张,终于得到成功。不久,新罗、高句丽也学会了自己造纸。最早的朝鲜纸至今尚有若干实物存世,据报道,在朝鲜北部高句丽时代的遗址发现了以大麻纤维制成的光滑白纸一张。自唐代起,被称为"鸡林纸"(意谓新罗国的纸)的朝鲜纸即为向中国进贡的贡品,"其纸极厚,背面光泽如一,故可两用",特别适用于书法及绘画,因此博得了中国的画家和书法家的好评。

公元6世纪开始,中国的隋、唐帝国先后侵略了朝鲜,后来唐与新罗结盟,于7世纪中叶灭了百济和高句丽,置安东都护府。由于遭到朝鲜人民的坚决反对,676年唐只得迁走,新罗进而统一了半岛,结束了分裂局面。到了9世纪,新罗统治阶级内部不断发生争夺王位的斗争,政治腐败,民不聊生,农民起义此起彼伏,100年间连绵不断。中央政权衰落下去,原百济和高句丽没落的贵族,乘机以复兴百济、高句丽为旗帜,在两国旧地建立了王朝,而衰败的新罗只保有半岛的东南一隅之地,朝鲜半岛重新形成三国鼎立的局面，史称"后三国"，直到新罗王族出身的王建于918年推翻统治者，以开城为都建立"高丽"并称王。935年高丽吞并了新罗，936年高丽又攻灭后百济，重新统一了朝鲜半岛。

高丽国仁宗二十三年到明宗十八年（1141~1184年），正值我国南宋高宗到孝宗年间，宋辽交战，宋自顾不暇，中国纸张出口大减。高丽为了解决需求，下令奖励老百姓种植楮树，扶植民间造纸业，从而使朝鲜的造纸业获得空前的发展，皮纸成为新的纸种。

高丽造纸"色如白绫，坚韧如帛，用以书写，发墨可爱"，为宋代士大夫所喜爱。南宋人陈槱在《负暄野录》卷下说："高丽纸类蜀中冷金，缜实而莹。"北宋人喜欢用高丽纸作书画卷子的衬纸，以其质地坚实。文人还将其作为赠友礼物，如宋代诗人韩驹（1080~1135年）在诗里赞赏道："王卿赠我三韩纸，白若截肪（切开的脂肪，喻颜色和质地白润）光照凡。""三韩纸"即指高丽纸，用"白"和"光"两字来形容高丽纸的纸质，可知它的质量非同一般了。南宋·袁说友《蜀笺谱》中将高丽蛮笺列为名纸之一。元朝廷甚至派人到高丽去选购佳纸回来印佛经。另有一种染色的鹅青纸亦产于高丽，宋代的文学家黄庭坚及金章宗完颜璟等都喜爱在这样的纸上写字。中国国家博物馆和故宫博物院现在都还保存有一些古代进口的高丽纸。中朝两国的造纸技术相互促进，为中朝友谊的史册谱写了美好的篇章。

古人犯迷糊　今人试解析

明代科学家宋应星曾疑惑道："朝鲜'白硾纸'不知用何质料？"（《天工开物·杀青》）经考证，这种纸很可能就是由楮皮制成。由于风土人情与中国

三韩是指公元前2世纪末至公元4世纪左右朝鲜半岛南部的三个部落联盟，包括马韩、辰韩和弁韩；北部则为中国的"卫氏朝鲜"（后被汉朝征服，设立乐浪郡、玄菟郡、真番郡及临屯郡，史称汉四郡）。4世纪马韩已被百济兼并，辰韩被新罗兼并，弁韩则演化成伽倻后又被新罗兼并。"三韩"一词最早出现在《后汉书·东夷列传》中。三韩所在的具体位置尚存在着争议，但一般认为在朝鲜半岛的南部，大致为今天的大韩民国。"韩"在现代韩语中被赋予"伟大"或"领袖"的意思，大韩民国的国名中就含有"韩"字。现在的韩国人和朝鲜人都称自己为"三韩子孙"，这一点和华人自称"炎黄子孙"的缘由相似。

相似，所以，朝鲜纸工造纸所用的原料、工具以及技术都与中国相似。原料包括麻、藤、桑皮、楮皮、稻草、海草，制造纸浆的方法是用硅把楮皮中的极长的纤维反复捶捣，煮成细糜，然后置于阳光下暴晒漂白，再施加胶液，这些都与中国文献记载大致相同。抄纸帘或是竹制，或是以一种芒草（Miscanthus sp）制成，其纵横架框、帘网、两根限纸浆流出的边条，都沿袭了中国式的构造。美国造纸专家亨特曾在检视自16世纪以后的数百张朝鲜纸后，指出其密帘纹皆横行而稀帘纹皆纵行，互相间隔狭密而不等距，其长度贯穿纸模的全长。这种工艺是每张朝鲜纸所独具的显著特点。

现代版的韩纸制作

左边这几幅图片是一个留学生发到网上的，在学习之余，该学生用自己的相机简单地拍摄和介绍了韩国纸工造纸的大概过程（图下的文字说明略有修改）。

第一步：从植物的茎里提取纤维后，把它装进一个大的塑料袋里，并放置一段时间；然后再将其倒出来捣烂，制成浆水。

第二步：用一张特制的竹帘在浆水里打捞纸浆，使其在帘子上形成一层均匀的薄膜，然后再把它们一张一张放好。

第三步：把刚才做好的纸膜一张一张地放置在通电的铁板上烤干，据说铁板的温度高达200度以上。

这是最简单的造纸过程，通过如上步骤后，一张张光滑洁白的高丽纸就呈现在你的面前了。好了，现在，你想拿它来做什么，是写字，还是画画？或是继续染色、印花？

捌　造纸技术远播海外 —— 191

靓丽的韩纸时装秀

日本富士山

一 衣带水东传日本

中日友好关系源远流长，中国造纸术东传日本后，大大促进了日本文化的发展与传播；日本在引进造纸术的同时亦不断优化其工艺流程，最终诞生了至今在世界造纸业内绽放光彩的"和纸"。日本对于外来先进技术的好学态度以及对传统文化的高度重视，值得国人研究和借鉴。

造纸术东传扶桑："和纸"的起源

中国和日本交往的历史，从传说到实际交往，已经有2000多年了。中国古代传说故事《山海经》中记载，在东方遥远的大海之中，有一个太阳升起的地方叫"扶桑"（"扶桑"据说就是日本）。到了秦朝，秦始皇派徐福带领3000名童男童女，到海外寻找长生不老的仙药。据说徐福他们后来就飘流到了日本，在那里繁衍了后代。日本人并不回避这个说法，至今日本还有徐福庙、徐福井以及徐福登陆地点等传说与古迹。日本的科学家考证，日本人种来源于蒙古大草原和中国的云南、贵州一带。中日交往有明确记载是在西汉，汉武帝曾接见日本使者，称日本为"倭王国"（"倭"字就是矮小的意思）。到了南北朝时期，不断有日本使者来到中国。

中日两国大规模交往是在唐朝。唐朝建立后的630至838年这200年间，日本人正式到中国来的共有12次；另有任命后未成行、未到达唐朝、迎入唐使和送客唐使共6次；每次最少250人，最多600余人。每次都给唐朝带来珍珠、琥珀、玛瑙等贵重礼品。1970年在西安发现的日本"和同开珎（bǎo）"钱币，很可能就是遣唐使带来的。唐朝也回送过一些高级丝织品、瓷器、乐器、文化典籍等。为了吸收中国先进的文化成果，日本还选派了不少留学生入唐学习，他们被分配到首都长安学习各种专门知识，并且与中国的学者结下了深厚的友谊。唐天宝十二年（753年），中国高僧鉴真和尚应日本圣武的邀请，以66岁高龄，率20多人乘一艘回国的日本遣唐使木船第6次东渡，终于到达九州，受到日本各界的热烈欢迎。鉴真留居都城奈良居住的唐招提寺，就是由他本人设计和指导的，它式样优美，至今还在，反映了当时唐朝建筑技术的最新成就，被视为日本建筑艺术的明珠。

通过中日两国的不断交往，日本在政治、经济、军事、文化以至生活风尚等方面都受到唐朝的深刻影响。他们仿照隋唐制度，改革了从中央到地方的官制，还仿隋唐科举制，采取通过考试的办法选官；参照隋唐律令，制定了《律令》。公元709年，日本迁都平城京（今奈良），都城的建造完全模仿长安，甚

位于奈良市的唐招提寺是由中国唐代高僧鉴真和尚亲手兴建的，是日本佛教律宗的总寺院，这座具有中国盛唐建筑风格的建筑物被确定为日本国宝。鉴真（688~763年）第6次东渡日本后，于天平宝字三年（759年）开始建造，大约于770年竣工。寺院大门上的红色横额"唐招提寺"是日本孝谦女皇仿王羲之、王献之的字体所书。寺内，松林苍翠，庭院幽静，殿宇重重，有天平时代的讲堂、戒坛，奈良时代（710~794年）后期的金堂，镰仓时代（1185~1333）的鼓楼、礼堂及天平以后的佛像、法器和经卷。御影堂前东面有鉴真墓，院中种植有来自中国的松树、桂花、牡丹、芍药、孙文莲、唐招提寺莲、唐招提寺青莲、舞妃莲、日中友谊莲等名花异卉。

唐招提寺

《日本书纪》（にほんしょき、やまとぶみ）：是日本留传至今最早的正史，六国史之首，原名《日本纪》，与《古事记》合称为"记纪"，全书用汉字写成，采用编年体，共30卷，另有系谱一卷，今已亡佚。

据《古语拾遗》所述，"上古之世，未有文字，贵贱老少，口口相传，前言往行，存而不忘"。在编纂《日本书纪》之前，并没有正式的文献记载，仅有口耳传说，且日本与韩国相同，当时是以汉文作为正式的官方语言，考虑到文字之华美性，是以编纂《日本书纪》时，多半是借用中国典籍上之文字，拿来描述上代所传承之传说，为其一大特色。

至街道的宽度与排列方法都几乎一样，也有"朱雀大街""东市""西市"等名称。

中日两国的交往既然由来已久，那么造纸术又是如何传入日本的呢？

朝鲜不仅是最早吸收中国文化的国家，而且还是中国与日本之间的文化桥梁。中国的造纸术就是通过朝鲜僧人传播到日本的（关于这点，可参看前一篇《山水相连技传朝鲜》的有关部分介绍）。根据《日本书纪》的记载，在日本应神天皇十六年（285年），朝鲜半岛南部的百济国博士王仁曾将《论语》十卷、《千字文》一卷的纸写本从朝鲜半岛带到日本。《日本书纪》中还说，早在日本推古天皇十八年（610年），"春三月，高丽王贡上僧昙徵、法定，昙徵知'五经'，且能作彩色及纸、墨"。

由此看来，中国所发明的纸张和造纸术当年是通过朝鲜的高僧昙徵传到了日本，日本纸工再以日本本土所有的原料和采用中国的造纸技术，造出了具有日本文化特色的纸张——和纸。

青出于蓝胜于蓝："和纸"的发展

中国的造纸术传入日本以后，在公元7世纪经当时摄政的圣德太子（574~622年）大力提倡，日本的造纸业开始发展起来，并首先在当时的国都奈良附近的龙田川河岸建立了日本的第一座造纸工厂。奈良时代（710~794年）至平安时代（794~1192年），日本人主要使用麻纸，所采用的造纸工艺也同中国的传统工艺几乎一样。后来日本造纸工匠通过努力钻研改进，使得产品质量不断提高，逐渐形成了自己的特色。由于日本人主要是大和民族，因此就称日本自己生产的纸张为"和纸"。

唐朝的"开元通宝"（始铸造于621年）

日本的"和同开珎"（始铸造于708年）

纸扇

> 《宝庆四明志》，21卷，罗濬等撰，撰写于宝庆二年（1226年），两年后完成。四明即当时庆元府，治今浙江宁波市。前11卷为郡志：分叙郡、叙山、叙水、叙产、叙赋、叙兵、叙人、叙祠、叙遗等9门46子目；12卷以后分志叙所属六县。内容详备，叙述谨严，并附有图，为后来修志者所根据。

名片

折纸

灯具

在文化发达的平安时代，造纸与纸加工的技术非常发达，造纸业普及了全日本。当时的首都——京都，建立有官立造纸厂（纸屋院），制造官方用的纸张，并可对纸张进行染色和加工，还培养了一批技术人员。当时的造纸原料主要为摺树（桑科落叶亚乔木，其皮为造纸材料）和楮树，后来为了开拓新的造纸原料，人们又发现了日本本土独有的雁皮树。雁皮树的纤维细腻，黏液成分多，对抄纸技术要求很高，但用雁皮树造出来的纸既结实又美观。在8世纪末到9世纪期间，日本纸工又发明了在麻、楮中加入黄蜀葵或糊空木等的黏液进行抄纸的新方法——"摇动抄纸法"。当时日本已经能够制造出带花纹的色纸及写经用的铅色纸，据宋·罗濬在《宝庆四明志》中所说，日本民间"善造五色笺，中国所不逮也"。

大批量生产的纸张不仅用于抄写经文、书写官方文件，也用于民间的通信及诗歌抄写等方面，从而使日本文化得以兴盛。当时由遣唐使带到中国的日本

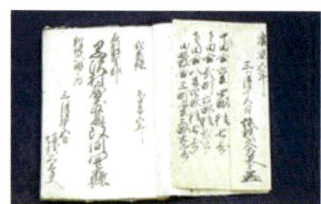

石州半纸（岛根县浜田市）

本美浓纸（歧阜县美浓市）

细川纸（埼玉县小川町东秩父村）

上图是日本列入非物质文化遗产的三种手工和纸，它们的共同特点是：

纸质轻薄而有韧性；
以楮树皮为原料；
严格按照传统工艺传承至今。

入选理由：
·单纯以楮树皮为原料的传统知识、工艺的继承。
·培养继承者，组织学校体验等。
·对和纸工艺的保护、宣传措施。
·增进了当地人的社会交流。

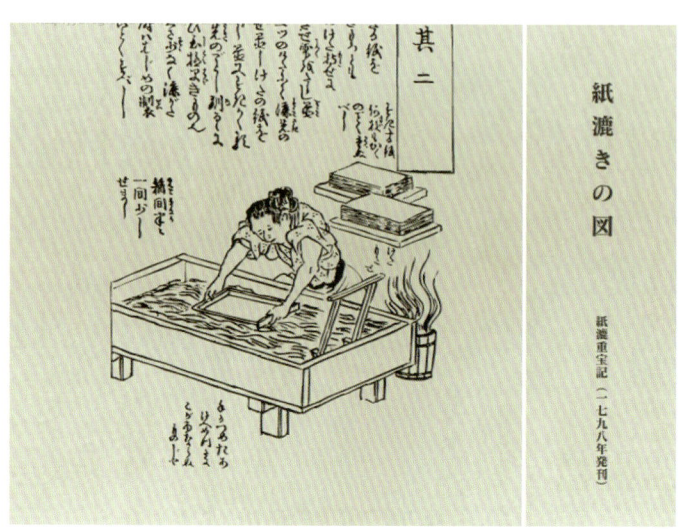

《纸漉重宝记》书中的插图"荡料入帘"

纸，深受中国人的赞赏，唐玄宗就很喜欢用日本纸书写。

从18世纪起，日本出版了一些有关论述造纸技术的书籍，如国东治兵卫的《纸漉（lù）重宝记》（1798年）、大藏永常的《纸德必用》、大持青竹的《纸谱》（1777年）等。这就说明，具有浓厚民族和地域色彩的和纸，越来越受到日本民众的青睐，和纸作为日本人日常必不可少的学习用品和生活用品得到广泛使用，并以其实用性及美感极大地丰富了人们的生活。和纸文化在17世纪达到了鼎盛时期。越前、土佐、出云、伯劈均成为日本国内著名的纸产地，和纸的种类也多达50余种。

古为今用更可喜："和纸"的新生

日本现今的纸生产分手工纸和机制纸两种。明治时代（1868~1912年），由于欧洲机器造纸法的传入，手工制纸受到了很大的冲击。机制纸是以木材、马尼拉麻的纸浆为原料，有坚固的泉贷纸、纸浆半纸等，但这不是我们所关注的重点；手工纸则是以雁皮树、摺树、三桠树（黄瑞香）的树皮为原料。

一直保留到现在的手漉和纸，如美浓纸、奉书纸、障子纸等，均以质量精美而驰名于世界，其主要是用于书法、绘画、建筑装饰以及各种工业技术等方面；而雁皮纸、麻纸属于高级书写纸，被日本人视为珍品，一般不轻易使用。由于手漉和纸性能独特，在日本被誉为"重要的无形的文化财富"和"人间国宝"，从而受到日本政府的高度重视。2014年11月，在法国巴黎举行的联合国教科文组织（UNESCO）政府间委员会，决定将"和纸·日本手漉和纸技术"列入世界非物质文化遗产。日本政府为了保护历史悠久的和纸文化，采取了一系列的保护政策和振兴对策，值得我们参考和借鉴。

> 20世纪60年代中期在日本兴起的"和纸画"（也称"和纸绘"），是由日本画家龟井健三先生创始的，他利用各种手漉和纸不同的机理、颜色、厚度和透明度，通过剪、刻、撕、揉搓、粘贴等制作技法创作出既具有水彩画般的透明性和油画般的丰富色彩及厚重感，又可表现富有装饰风格的画面，深受日本人民尤其是退休老人的欢迎。目前，和纸画制作在日本已相当普遍，以龟井健三先生为主席的全日本和纸艺术协会已有正式会员1500多人，是日本最大的一个民间美术团体。

日本仕女图

越南下龙湾风景区

唇齿相依技达越南

中国与越南山水相连、文化相通，自古以来关系密切。两国经历过同志加兄弟的美好时光，也经历过剑拔弩张、反目成仇的岁月。从公元前3世纪末至公元10世纪初，越南处于中国统治之下，中国文化大量输入越南。相应地，造纸术于2世纪后期传入越南，并在当地得到了进一步的发展。

一部说不清、道不明的中越关系史

越南，古称"交趾""安南""交州"，位于东南亚中南半岛东部，北与中国接壤，西与老挝、柬埔寨交界，东面和南面临南海，国土形状狭长，面积约33万平方千米，是以京族（与中国的京族同源，原来使用广东方言）为主的多民族社会主义国家。

越南隶属中国地方政府的时期

公元前111年，西汉武帝灭南越国，越南成为汉朝领土。汉朝实行直辖统治，设立"交趾刺史"（后又改为交州），辖境横跨中国广东、广西、海南，以及越南北、中部的交趾（在今河内一带）、九真（今清化省、乂安省一带）、日南（今广平省、广南省一带）三郡，自此，越南开始了长期属于中国地方政权的历史时期，一直持续到中国五代中的后晋时期（936~947年）。

越南藩属中国中央政府的时期

五代后晋时，归南汉政权管辖的交州发生变乱，爱州（今越南清化省）牙将吴权出兵讨平，938年，吴权在白藤江之战中打败了南汉军队，封邦建国。越南至此独立，进入封建时期，并成为中国藩属国之一，这样的历史时期一直持续到清末。其后越南又历经丁朝、前黎朝、李朝、陈朝、胡朝的发展，15世纪初一度被中国明朝吞并，不久复国，并在后黎朝前期达至封建时代兴盛阶段，其后长时间处于分裂及战乱状态，有莫朝（与后黎朝合称南北朝）、郑主、阮主、西山朝等王朝和政权。直到1802年，阮福映在法国支持下灭西山朝，建立阮朝，越南本土重新获得统一，之后阮福映接受中国清朝嘉庆皇帝的册封，被封为"越南国王"，至此正式建立新国号为越南，并沿用至今。

近水楼台，一纸技艺通传越南

由于越南早年属于中国地方政府管辖，所以，东汉的蔡伦发明造纸术后不久，他们就有了纸张，只不过那时可能还没学会造纸。三国时期，由于中原内地战乱频繁，越南人用纸大受限制，于是，在越南的北方地区，留居本土避难的汉族工匠便因地制宜开始自己造纸。这个时间大约在西晋时期，当时的学者陆玑在《毛诗》里就提到交州人能造榖皮纸。

以后，经过不断地实践和改良，他们又逐渐掌握了用楮树皮为主要原料造楮纸的技术。由于楮纸洁白光亮，柔性好，又适于高级书画用，因此很快就得到了中原市场的认可。一时间，楮皮纸的生产在荆州、扬州、交州、广州等地推广开来。随后，越南人又以蜜香树皮为主要原料造出了蜜香纸。

在越南李朝之前，越南国内用纸主要依赖于北方

1787年流亡暹罗的阮福映

阮福映（1762~1820年），越南阮朝开国君主，史称"嘉隆帝"。

阮福映出身广南阮主，是武王阮福阔的孙子。1775年，北方郑氏攻陷富春，阮福映随叔父定王阮福淳南逃至嘉定。1777年，阮福淳与新政王阮福旸被西山军所杀，阮福映被推为大元帅，并于次年称王。1782年，阮福映被西山军击败，流亡富国岛，旋即逃入暹（xiān）罗（即今泰国）。1784年，阮福映与暹罗联军共抗西山朝，但再次为西山军所败，被迫再度流亡。1789年，阮福映乘西山朝内部分裂之机回国，夺取嘉定，之后逐渐平定全安南国境。1802年阮福映称帝，改元"嘉隆"，建立阮朝。1820年，阮福映逝世，子明命帝继位。

阮福映在位期间进行了政治、经济、军事、文教等方面的一系列改革，大兴土木修建城市、官道等建筑，并在1815年参照中国的《大清律》，颁行《嘉隆律书》。

据越南陈朝史学家黎崱撰写的《安南志略》卷一所述，后黎朝永庆二年（1730年）清世宗赠给越南书籍、缎帛、珠宝玉器，而越南回赠的礼品有金龙黄纸二百张、斑石砚二方、土墨一方、玳瑁笔百支。

造纸地区和从中国内地进口。1070年，越南统治者建立文庙和国子监，兴办学校，以儒家思想教育学生，并于1075年在全国推行科举制度。与此同时，李朝大兴佛教，佛教因此在社会各阶层中得到广泛传播。科举的推行和佛教的繁荣，使得依赖北方造纸基地和从中国进口已经远远不能满足人们对纸的需求。于是，南方人也开始学习造纸，至此，越南进入了全国性的造纸时期。

越南造纸业的第三次大发展集中于18~19世纪，此时越南属于清朝廷的藩属国。跟明代一样，在清代，越南生产的纸源源不断地输入中国内地，纸张出口的日益增加进一步促进了越南造纸业的发展，在此期间，越南人再一次改良造纸术，学会了以竹子为主要原料制成竹纸，作为印书的专用纸张。

2010年初，胡志明市一个名叫"越南掠影"的手艺旅游村内，正在进行人工制作楮纸的越南造纸女工范氏容

印度风光

艺 通南亚技传印度

中印交往，历史悠久

中、印两国均为世界文明古国，两国人民之间的交往已有几千年的历史。

汉代及以前，印度和中国几乎没有什么政治接触。但随着丝绸之路的开通，中印之间开始了广泛而密切的经济文化交流，佛教也开始从印度向中国传播。许多印度的学者和僧人都前往中国传教，如早在401年，西域高僧鸠摩罗什就来到中国，并将梵文佛经《修多罗》译成中文；同时许多中国学者和僧侣也前往印度，如玄奘和义净，他们都曾在比哈尔邦的那烂陀寺学习过。

从1405年到1433年，明朝政府派出了中国舰队进行了七次远征，即"郑和下西洋"，他们在期间便访问了许多印度的王国和港口。

中、印虽然是近邻，但印度接受中国古代发明的造纸术和纸张的时间却较晚，一般认为，唐代以后，中印交通和文化交流有了新的发展，来中国的印度人有机会接触到纸，去印度的中国人也会携带纸及书卷，由此纸和造纸术才得以越过崇山峻岭、跨过江河湖海，传入印度。

至于到了近现代如抗日战争时期，印度给予了中国很多支持，1938年印度国会批准派遣医疗队支援中国人民的"抗战"。新中国成立后，1950年中印建交，自那以后中印关系虽有起有落，但中印友好仍然是中印两国的主旋律。

纸张未至，贝叶传经

尽管中国早在汉朝就跟印度（古时称"天竺"）打交道，但是印度人接受中国的纸张和造纸术却是在那之后的几个世纪了，其主要原因有两个：一个是印度古代的经文大都是师徒口授的，不需用纸张来书写；另一个是印度教徒认为破麻布不干净，不愿从事造纸生产。而在用纸之前，为了将一些特别珍贵的经文保存下来，印度教徒使用特殊的书写材料——贝叶来进行书写记录。

所谓贝叶就是贝多树（或译"多罗树"）的叶子。贝多树是一种热带棕榈树，由于其叶片比较宽大，印度教徒就把它们摘下来，洗干净后晒干了，作为书写材料。唐·玄奘在《大唐西域记》里说："南印度有多罗树林，方圆30余里，人们取其叶书写经

柯棣华

柯棣华，原名德瓦纳特·桑塔拉姆·柯棣尼斯，著名医生，国际主义战士。1910年出生于印度孟买，1938年随同印度援华医疗队到中国协助抗日，先后在延安和华北抗日根据地服务，任八路军医院外科主治医生、白求恩国际和平医院第一任院长。1942年12月9日凌晨，柯棣华因癫痫病发作在河北唐县逝世，年仅32岁，安葬在石家庄华北烈士陵园，陵园中唯有的两座雕像便是他和白求恩大夫。

印度"贝叶经"

文。"写字的时候用尖针在叶面上画道，再向道里涂上黑色液体。写完后每张叶子穿两个小孔，用绳子相连，就是"贝叶书"。印度古时候的佛经，由于多是用这种贝叶抄写的，故又称"贝叶经"。

直到后来中国僧人陆续到印度取经，把纸张带到印度去抄经，印度才开始有了纸张。以后，从印度返回的中国僧人带回来的贝叶经越来越少，而由纸写的佛经却越来越多，这说明印度可能已经开始造纸了。

印度造纸，时间成谜

印度是什么时候开始造纸的？目前似无定论，一般认为，7世纪梵文"纸"字的出现表明印度境内可能已有了纸，但这纸是外国（比如中国）所造而输入还是由印度人自己抄造的很难说。比玄奘晚些去印度的中国高僧义净在《南海寄归内法传》卷二中提到："必用故纸（他们入厕时），可弃厕中，即洗净了，方以右手牵其下衣。"可见当时印度已有了纸。

另据该书卷四所云："造泥制底及拓模像，或印绢纸，随处供养。"意思是说：当时印度法俗以模制泥佛像，再将泥佛像捺印在绢或纸上面，以资供养。试想，如果当时没有许多纸张，是无法完成这一任务的。此或许也为印度那时已有纸张的一条佐证吧！20世纪以来中国西北沿丝绸之路的甘肃敦煌及新疆和田出上了用梵文写的纸本书卷，年代不会晚于10世纪，说明当时那里已有印度人的足迹。印度境内在11~12世纪纸写本渐多，从那以后，在印度的北方及西北都建有造纸厂，后又在南方建立纸坊。造纸术传入印度的途径可能是陆上商路，由今新疆经克什米尔至印度西北部，或由西藏喜马拉雅山口南下。印度现存的最早纸写本年代为1231年至1241年，因此12~13世纪肯定已

义净（635~713年），唐代译经僧。河北涿县人，一说齐州（山东历城）人，俗姓张，字文明。幼年出家，天性颖慧，遍访名德，博览群籍。年15即仰慕法显、玄奘之西游，20岁受具足戒。于唐高宗咸亨二年（671年）经由广州，取道海路，经室利弗逝至印度，一一巡礼鹫峰、鸡足山、鹿野苑、祇园精舍等佛教圣迹后，往那烂陀寺勤学10年，后又至苏门答腊游学7年。历游30余国，返国时，携梵本经论约400部、舍利300粒至洛阳，武后亲至上东门外迎接，敕住佛授记寺。

其后参与华严经之新译，与戒律、唯识、密教等书籍之汉译工作。从699年到711年，历时12年，译出56部，共230卷，与鸠摩罗什、真谛、玄奘等共称四大译经家。著有《南海寄归内法传》四卷、《大唐西域求法高僧传》二卷，并首传印度拼音之法。著作中备载印度南海诸国僧人之生活、风俗、习惯等，是了解当时印度之重要资料。

印度手工纸笔记本

据史所载，至迟在公元2世纪东汉时，中印之间就有了直接的经济文化往来。事实表明，有好几条陆上通道可从中国到达印度：一是新疆线，即从甘肃经新疆到达克什米尔，再向东南行，至印度西北部；二是云南线，从云南经缅甸到今孟加拉国和印度东北部；三是西藏线，从西藏穿过喜马拉雅山山口到达尼泊尔，再向南行至印度北部。反之，从印度到中国也是如此。商人、僧人和使者为了各自的目的，艰难跋涉在这三条陆上"丝绸之路"时，也将中国的纸张和造纸术带到了印度，他们都在中印经济文化交流史中做出了可贵的贡献。

有一些纸坊存在。造纸术传入印度的时间当然会早于此，但亦不会早于8世纪。

另有一种看法认为，中国造纸术是由回教徒传入印度的。10世纪，穆罕默德率领大军初次侵入印度，随即把造纸法带入。但那时印度人拒绝造纸，12世纪末，回教徒又入侵印度，占领了印度恒河流域，建立德里帝国，统一印度各邦。回教徒掌控印度的造纸业长达400年之久。所以，印度最早开始造纸只可能在12世纪以后。

手工造纸，温情环保

现在的印度，造纸已经实现了机械化，即所谓"机制纸"，但在某些小镇上，仍然保存着古代手工造纸的完整工艺，称得上是印度的"手工造纸活化石"。与现代的机制纸相比，手工造纸的原料要环保许多，大都是一些废弃的麻类，以及树皮和竹子。造纸工人先把原料浸泡在水塘里，大约10天后，把这些原料放进石灰水里进行高温处理；然后再把这些浆料放入布袋内，经过水的冲洗和来回摆动，将纸浆中的杂物清除掉；再利用太阳光照射两三个月进行晒白；之后还要经过打料、捞纸、榨干，最后就是焙纸了。这样一张张柔韧的白纸才算真正制成。

在印度，手工纸已经非常少见，但是却十分受欢迎。人们觉得用手工纸制作出的礼品袋和其他工艺品多了机器制造所没有的独特性和人情味，人们拿在手里也会感受到造纸工人的那份用心与辛劳，感觉会更加温馨。目前这些手工纸已经出口到许多西方国家，并且为当地造纸工人带来了相当可观的收入。

阿拉伯风光——埃及金字塔

战火中传技阿拉伯

中阿关系渊源深远

阿拉伯世界西起大西洋东至阿拉伯海，北起地中海南至非洲中部，位于亚、非两大洲的结合部，具有重要的战略地理位置。该地区曾经孕育了一些著名的古代文明，如古埃及文明、巴比伦文明等。这些灿烂的古代文明，通过现代的考古发掘，向世人叙述了它们那曾经照耀人类天空的辉煌过去。

中国与阿拉伯地区之间的友好交往可以追溯到久远的历史年代。汉朝时，著名的"丝绸之路"被开辟，通过陆路和海上这两条通道把中国和中东阿拉伯地区联系起来，互相交流。中国的丝绸和瓷器通过古

> 中国和阿拉伯世界的友好关系源远流长，伟大的古丝绸之路就是最好的见证。但中国古代的造纸术传入阿拉伯却没有通过友好的方式，而是源于唐时的一次战争。那是一次大唐帝国的战败，通过被俘的纸工，阿拉伯人学会了造纸术，从此，阿拉伯的文化就如虎添翼得到了快速发展和传播。

丝绸之路进入阿拉伯国家，而后再转往欧洲。与此同时，阿拉伯民族优秀的医学、天文学、几何学等也通过古丝绸之路传入中国，并融入中华文明之中。长期的友好交往使得中国与阿拉伯两大古老灿烂的文明交相辉映，相得益彰，也为中阿关系的发展奠定了坚实的基础。

唐时，由于朝廷重视与西域的交通发展，因而促进了中国与阿拉伯地区的贸易和文化交流。唐太宗十分珍视中国同阿拉伯的友好关系，贞观元年（627年），伊斯兰教创始人穆罕默德在麦地那站稳脚跟后，即遣使到中国。

纸草退出历史舞台

在中国纸张传入阿拉伯以前，阿拉伯人民传统的书写材料是埃及的"纸草"。"纸草"是用一种盛产于尼罗河三角洲的纸莎草的茎制成，曾经是古埃及人广泛采用的书写载体。大约在公元前3000年，古埃及人就开始使用纸草，并将这种特产出口到古希腊等。

阿拉伯国家一般指以阿拉伯民族为主的国家。他们有统一的语言——阿拉伯语，有统一的文化和风俗习惯，绝大部分人信奉伊斯兰教，同时也都是阿盟的成员国。阿拉伯国家共有22个国家和地区，分为西亚12国和北非11国，包括阿拉伯联合酋长国、阿曼、也门、沙特阿拉伯、科威特、巴林、卡塔尔、伊拉克、约旦、黎巴嫩、叙利亚、巴勒斯坦、埃及、利比亚、突尼斯、阿尔及利亚、摩洛哥、毛里塔尼亚、苏丹、索马里、吉布提、科摩罗，总面积约1400多万平方千米，人口总数约3.4亿（2008年）。阿拉伯人和伊斯兰教在亚洲和北非的影响很大，在阿拉伯帝国极盛之时，大批的阿拉伯人外出经商或是传教，将伊斯兰教传播到了世界各地。不仅如此，还有包括如中国古代的四大发明、印度的阿拉伯数字等，都是由古代的阿拉伯人通过战争或是贸易传入欧洲和世界其他地方的。

纸草

纸草曾经是多达6种语言文字符号的载体，记录了包括古埃及、古希腊、古罗马和阿拉伯帝国弥足珍贵的历史信息，从而使其成为人类历史上最早的、应用时间最长的、最重要的传播媒介，它是古代文明留给后人的一笔宝贵的文化遗产。纸草最早于1752年在意大利被发现，包括各种书信、合同、清单、著作等。其中哈里斯大纸草尤为著名，它是在埃及底比斯近郊一座坟墓中被发现的，因英国人哈里斯买去而得名。

纸草的出现，是人类最初对书写材料的一种积极的创造探索。但其自身也有诸多不可克服的局限性，所以，它最终被中国的纸张所代替，就是一种历史的必然了。古代丝绸之路的开辟，使得中西贸易异常频繁起来。作为商品或信件的中国制造的各种纸张，大概也就是由中外商人们通过丝绸之路带往阿拉伯各国的。和纸草相比，纸张不仅美丽洁白而且更加简便实用，传入阿拉伯后，深受当地人民的称誉。

被俘纸匠传授造纸

公元7世纪时，阿拉伯形成了强大的阿拉伯帝国，横贯欧、亚、非三洲，军事强盛，经济繁荣，文化也得到快速发展。

公元751年，黑衣大食国将领齐亚德·噶利在怛罗斯（今吉尔吉斯坦共和国境内）战役时击败唐将高仙芝，并俘虏了大量的中国人，其中就有造纸工匠。阿拉伯人在发现他们会造纸后在撒马尔罕开设起造纸厂，雇佣他们造纸。在中国工匠的传授下，阿拉伯人怛（dá）罗斯之战（Battle of Talas）是唐玄宗时大唐的势力与来自阿拉伯帝国的势力在中亚诸国相遇而导致的战役。战役的发生时间在751年7~8月（唐玄宗天宝十年），以阿拉伯帝国胜利告终。战役的起因，据说是西域藩国石国"无番臣礼"。唐安西节度使高仙芝领兵征讨，石国请求投降，高仙芝允诺和好；但是不久高仙芝即违背承诺，攻占并血洗石国城池，屠杀老人、妇女和儿童，掠走男丁，抢夺财物，俘虏石国国王并献于阙下斩首。侥幸逃脱的石国王子向当时阿拉伯帝国的阿拔斯王朝求救。

高仙芝得到消息后，决定采取先发制人之策，主动进攻大食。高仙芝率领大唐联军两三万将士（包括西域的葛逻禄及拔汗那国的许多军卒）长途奔袭，深入七百余里，最后在怛罗斯城（今哈萨克斯坦的江布尔城附近）下与大食军队相遇。彼此相持五日后，由于腹背受敌，大唐联军中的葛逻禄部的雇佣兵临阵惊慌逃跑，导致唐军阵脚顿时大乱，阿拉伯联军趁机出动重骑兵突击唐军阵营的中心，高仙芝大败，士卒死亡、被俘者大半，仅余数千残兵逃至安西。

百年翻译运动

自己也学会了造纸。这样，纸就不仅能适应本地人们的文化需求，而且也成为撒马尔罕人民的一种重要贸易品，极大地满足了世界各国人民的需要，并造福于人类。造纸业的发达为书商们提供了更多的机遇来向各地销售书籍，书籍的销售成为传播文化的重要手段，也为"百年翻译运动"奠定了坚定的基础。有了廉价的纸，更多的人从事翻译、写作、记录、著书等工作，许多学者所研究的成果都有所记录。阿拔斯王朝造纸业的发展为其科学文化、文学思想的传播奠定了基础。

欧洲风光——意大利罗马古竞技场

曲折历程终传欧洲

小议欧史　中世纪与造纸术

欧洲位于东半球的西北部，北临北冰洋，西濒大西洋，南滨大西洋的属海地中海和黑海。欧洲最早的人类居住遗迹可以追溯到公元前35 000年的欧洲旧石器时代，定居点、农耕技术和驯养家畜出现于公元前7000年的欧洲新石器时代早期。从最早的有文字记载的文明到公元前1200年文明暂时倒退消失，由于铜是当时人们制作工具和武器的主要金属材料，因此历史学家就把这一时期命名为"青铜时代"。

欧洲古典时期从公元前700年古希腊文字再次出现开始。罗马共和国于公元前509年建立，罗马人将疆域拓展至整个意大利，随后是整个地中海周边和西欧。公元313年，基督教在君士坦丁大帝治下合法化，成为了帝国的官方宗教。395年，罗马帝国一分为二，随即蛮族部落开始入侵西罗马帝国，西哥特人于418年，在原罗马帝国境内建立起西哥特王国。476年，最后一个

中国造纸术是通过阿拉伯而传入欧洲的，虽然在这以前欧洲早已在使用纸张，但由于多种原因，造纸术竟被阿拉伯封锁几个世纪之久！直到12世纪中叶，为了满足欧洲对纸张日益增长的需求，阿拉伯人就地取材，在盛产亚麻的沙提伐城兴办了欧洲第一家造纸工厂，这也是欧洲造纸业透露出的最早曙光。

中国的造纸术、火药、印刷术、指南针四大发明带动了世界变革，推动了欧洲文艺复兴。中国哲学、文学、医药、丝绸、瓷器、茶叶等传入西方，渗入西方民众日常生活之中。《马可·波罗游记》令无数人对中国心向往之。

——习近平在联合国教科文组织总部的演讲
（2014年3月27日，法国，巴黎）

西罗马帝国皇帝被废黜，欧洲进入"中世纪时期"。

欧洲的中世纪（约476~1453年），是自西罗马帝国灭亡（476年）到文艺复兴和大航海时代（15世纪末到17世纪）的这段时期（主要是西欧）。这个时期的欧洲没有一个强有力的政权来统治，封建割据带来频繁的战争，基督教对人民思想的禁锢，造成科技和生产力发展停滞，人们生活在毫无希望的痛苦中，所以，这一时期在欧美普遍被称作"黑暗时代"。但到了黑暗的中世纪后期，贵族开始没落，资产阶级逐渐兴起，一个黄金新时代的黎明即将来临。

著名的中国四大发明之一的造纸术和纸张也就是在中世纪的中后期历经千辛万苦逐渐地传入欧洲，而惠及了全欧洲人民，最终纸张取代羊皮纸成为了欧洲各国普遍使用的书写材料。

"真主"一言　无人敢传造纸术

阿拉伯人在获得造纸的秘密以后，便对造纸术进行了大规模的封锁，而其中封锁的原因是很复杂的。古代欧洲和亚洲之间可以分作三种文化地带：西方基督教国家，东方佛教、儒教区域，位于两者中间的伊斯兰教领地。阿拉伯人多信奉伊斯兰教,《可兰经》的教戒是残酷无情的。当真主宣告"造纸术不得外传"以后,工匠们是不敢越雷池一步的。况且,处于黑暗时期的基督教徒已被宗教的枷锁束缚了自己的头脑和手脚,便把这种新式的外来的书写材料拒之门外;加上广大平民没有几个识字的,似乎也没有什么实际的需要,一切都处于愚昧和落后的状态之中。

那么,欧洲原来用的是什么书写材料呢?如果读过前面一章《战火中传技阿拉伯》,你就会知道,很早的时候,欧洲各国其实是用从埃及进口的纸草来作为书写材料的。

公元前2世纪,小亚细亚国王伯家马斯因为得不到纸莎草纸,就下令利用本国在肥美草原上放牧的大群羊只,剥皮制成革,以供书写之用。没错,这就是后来人们所说的"羊皮纸"了。

羊皮纸是以羊皮经石灰水浸泡,脱去羊毛,再两面刮薄、拉伸中干燥、打磨,便成了一种新的书写材料。公元前170年左右,埃及托勒密王朝为了阻碍帕珈马在文化事业上与其竞争,严禁向帕珈马输出埃及的纸莎草,于是帕珈马人就发明了这种羊皮纸。他们把这些羊皮订成小册子,称为手抄本,再合订成册,使其成为留传后世的羊皮典籍。从公元前2世纪起,羊皮纸与纸莎草纸被同时使用,只是到14世纪起,才逐渐被中国的纸张所取代。

文化传播　造纸术功不可没

中国造纸术传入欧洲的路线是从阿拉伯的撒马尔罕开始,经过埃及,再到欧洲的西班牙。公元1150年,阿拉伯人在西班牙盛产亚麻的沙提伐城兴办了欧洲第一家造纸工场,这也是欧洲最早的造纸企业。

1189年,跟西班牙毗邻的法国,在赫洛城附近开办了一座造纸工场。不久,法国成为欧洲大陆的重要造纸基地。1276年,造纸术直接从埃及传入意大利。意大利人改变了过去热衷经商贩卖纸张的做法,开始在本国的蒙地法诺城建立造纸工场。在此之前,德国皇帝胖特列二世居然下令,规定全国的公文一律要用羊皮纸书写,不准用纸张,违者将受到严厉的制裁。但是,禁令并没有完全生效。因为纸张的优势是显而易见的,它比羊皮纸更符合人们的需要,羊皮纸被淘

现存羊皮纸样品

汰是历史的必然。于是，继西班牙之后，意大利又成为欧洲第二个重要的造纸中心。

1312年，造纸术从法国传入德国，德国人在莱茵河流域的科隆城建立了造纸工场。以后，造纸术又从法国传入比利时和荷兰，从意大利传入瑞士。1491年传入波兰，1498年传入奥地利，1567年传入俄国。

从14世纪到16世纪，是欧洲文艺复兴时期，人民开始觉醒。这当然首先要归功于中国的造纸术在欧洲各国的广泛传播；其次，中国的四大发明中的其他三项发明——印刷术、火药和指南针等，都对欧洲的社会变革起了很大的推动作用。这无疑极大地启发了欧洲人，促使他们冲破旧的秩序、旧的文化和旧的习惯的罗网，采取科学的方法来提高造纸技术水平。特别是德国和法国于18世纪试用各种植物纤维进行纸浆造纸的实验，以及英国采用机器代替手工抄纸的实践，这些都是造纸发展史上不可忽视的伟大篇章。

中国造纸　传播发展大事记

工业革命对造纸的影响深远而强大，再加上19世纪电的广泛运用，更有助于造纸生产完成历史转折，使手工抄纸完全转移到机械造纸的轨道上来。

从造纸术摇篮到造纸工业现代化大事记

公元　纪事

105年　东汉蔡伦发明造纸术

618~907年　手工纸施胶与染色问世

1637年　《天工开物》载入造纸术工艺

610~625年　造纸术东传高丽及日本

715年　造纸术西传小亚细亚

793年　阿拉伯第一座手工纸作坊在巴格达建成，继而传遍欧洲各国：西班牙、法国、意大利、德国等

1495年　英国赫特福德郡建成手工纸作坊

1680年　荷兰式打浆机发明

1690年　美国在宾西法尼亚州建成手工纸作坊

1774年　含氯化合物用于纸浆漂白

1807年　长网造纸机在法国问世

1809年　圆网造纸机在英国问世

1840~1870年　1840年德国首创用机械方法处理木材制浆造纸；1870年投入商业运行，生产首批磨木浆

1854年　英国首创利用氢氧化钠处理木材、制浆，称为苏达法制浆

1874年　瑞典及德国开始采用亚硫酸盐法制浆

1875年　涂布技术问世

1884年　硫酸盐法制浆在德国问世

1897年　长网造纸机最高车速达160m/min

1920年　长网造纸机最高车速达320m/min

1920年以后　制浆造纸技术飞速发展，在此期间主要的技术成就有化学品回收技术、连续蒸煮、连续漂白、连续打浆、夹网造纸机等。近代造纸机最高车速已达1500～2000m/min，卫生纸机车速已高达2500m/min以上

现代造纸工厂

美洲风光——巴西里约热内卢基督像

美洲树皮让位方絮

"新大陆"其实不新

在西方人发现所谓的美洲"新大陆"之前，那里的古老文明是土著人用类似海南岛"树皮布"的树皮毡（tapa）所记载的。欧洲人发现了土地肥沃富饶的美洲，自然也就把在欧洲使用的造纸术带到了美洲，于是，中国的造纸术从此也就在美洲大陆上生根发芽、开花结果，美洲人民因此也得到了实实在在的恩惠。

美洲，位于西半球，大西洋与太平洋之间，北濒北冰洋，南与南极洲隔德雷克海峡相望，由北美和南美两个大陆及其附近许多岛屿组成，巴拿马运河一般作为南北美洲的分界线。北美洲仅指加拿大、美国、格陵兰岛、圣皮埃尔和密克隆岛、百慕大群岛，在政治地理上则把墨西哥、中美洲、西印度群岛和南美洲统称为拉丁美洲。

美洲大陆上最早的人类是在公元前40 000~前8000年从亚洲迁徙至美洲的。人们穿过在西伯利亚和阿拉斯加之间的陆桥（今天的白令海峡）。大约一万年前的温度上升导致冰融化并最终提升了海平面，最后的迁移由因纽特人的祖先可能是使用船到达北美大陆。公元前7000年，农耕开始出现；以后，人类种植的植物开始在美洲广泛散播。公元前2000年左右，有证据显示棉花种植、冶金、陶瓷开始出现。此后因社会发展不一，各种古代的美洲文明纷纷涌现，约公元前1200年左右，奥尔梅克文明开始繁荣；公元前900年，玛雅文明开始，中美洲进入古典时代。此外，像印加文明、阿兹特克文明等美洲文明的代表，都在美洲发展史上占有一席之地。

美洲，又被称为"新大陆"，但我们从上面所述得知，对原住民印第安人来说并不是这样，只是仅仅对哥伦布和西方人来说是"新大陆"。1492年，哥伦布在西班牙皇室的支持下，率领西班牙舰队到达美洲大陆。西班牙人到了美洲后便疯狂地掠夺殖民地，杀戮印第安人；随后葡萄牙、英国、法国等西方国家也陆续到达美洲，对美洲进行了殖民统治。他们在带去杀戮的同时，也带去了先进的工业文明，进而改变了美洲大陆的历史。随后在当地人民的英勇反抗下，美洲获得独立。

树皮不仅可以用来书写，更重要的，它可以用来制作树皮衣。如在我国海南岛至少在3000年以前，黎族人民便有了树皮衣的制作（参看本书第壹章《由树皮布到树皮纸》一文）。Tapa，有人说中文或可译为"榻布""答布"等，其实不确，榻布，最早见于司马迁《史记·货殖列传》："榻布、皮革千石。"裴骃集解引《汉书音义》："榻布，白叠也。"司马贞《史记索隐》引《吴录》曰："有九真郡布，名曰白叠。"张守节《正义》："白叠，木棉所织，非中国（中原）有也。"显然是指一种粗厚麻布，也可能指粗棉布，不是指用原始方法打制的"树皮布"，尽管其发音与tapa相近。榻布，指的是麻棉等纤维纺织品；而tapa，则是树皮，故只能称为树皮毡。树皮毡可以用来写字，就像树皮可以用来写字一样，但都不是纸。

2002年，英国皇家海军潜艇前指挥官加文·孟席斯在其著《1421年：中国发现世界》（该书为2002年度畅销书）中指出：郑和船队曾经实现环球航行，并早在西方所谓的大航海时代之前便已发现了美洲、大洋洲。2006年1月16日，北京和英国国家海事博物馆，同时展出一张1763年绘制的附注有永乐十六年（1418年）的中国航海地图。该地图标有详细的航海区域，以及描绘出了美洲、非洲等的轮廓；除此以外，该地图更附有对美洲土著人（肤色黑红，头和腰戴羽毛）的描述。所以，美洲大陆到底是郑和先发现的还是哥伦布先发现的，还真是个需要重新认识和讨论的问题呢！

美洲树皮毡为媒

树皮是中外所有古代民族通用的书写材料，中国古代曾用桦树皮书写，美洲印第安人也在桦树皮上用

1692年在布雷德福德出版的、由弗雷姆所写的《宾夕法尼亚概况：叙述在该省所经历的、有趣的和愿意发现的一切，作为对英国人致良好意愿的表示》一书中，记载了美国独立前在杰曼顿由威廉·利特豪斯建立了的手工造纸厂。杰曼顿英文名为Germantown，意思是"德国人的小镇"，是1683~1684年形成的德国人移民居住区，在费城东北，至今原名未改。书中还记录了一首长诗，其中说：杰曼顿镇住着德国人和荷兰人，那里至少有一英里路长；他们多半从事纺织麻布，因为那里是麻的故乡；他们还能用破麻布造出纸张，织布与造纸相得益彰。

杰曼顿镇学院Germantown Academy

树枝蘸粗制液体颜料书写文字。至迟从10世纪起，在欧洲人到来之前的几百年间，美洲的玛雅人和阿兹台克人就是将树皮做成薄片，用以书写文字。其方法是将树皮剥下后，除去有色外表皮，将其内皮撕成一英寸宽的长条，放在锅里加草木灰煮沸；再在平板上纵横交错地叠起来，用槌打在一起成为薄片，干燥后以石磨光。一般多由妇女从事这一劳动，树皮片还可缝制成衣料。现在墨西哥的奥托米印第安人还在用这一方法做树皮片，将其作为书写材料。在亚克齐兰遗址极其精致的雕刻横楣上，一名女子正在拉动一根穿透她舌头的带刺绳索，血液滴在她身旁盘子里的树皮片上，这张血迹斑斑的树皮片将要献给神灵。

作为一种文化，树皮片流传得很广泛，太平洋各岛屿如夏威夷、日本北海道、中国台湾及斐济、印度尼西亚等广阔地区的土著居民，也都是将树皮打制成薄片，通称为"tapa"。夏威夷人称"kapa"，意思是捶打。印第安人的"huun"或"amatl"，或太平洋岛屿土著人的"tapa"或"kapa"，在制造方法及取材上大同小异，因此可统称之为"树皮毡"。

造纸术传入美洲

16世纪时，在美洲的土著人继续用他们熟悉的树皮毡和到美洲不久的欧洲人用他们熟悉的羊皮纸以外，欧洲造的纸张也随之传入了美洲。1575年西班牙人移居墨西哥后，便在那里建立了美洲第一座纸厂。美国最早的纸坊，于1690年建立在宾夕法尼亚州的费城附近的杰曼顿，它是由德国移民威廉·利特豪斯（1644~1708年）建立的，而威廉的造纸技术自然是从德国学习来的，这家纸厂主要是为费城和纽约的印刷业供应纸张。1729年，英国移民托马斯·威尔科克斯在费城附近建立了"常春藤造纸厂"。到了18世纪时，美国境内已建起了许多纸厂。宾夕法尼亚州的费城作为美国最早的造纸和印刷中心，受到许多著名人物的青睐与好评。

值得一提的是，大科学家本杰明·富兰克林（1706~1790年）于乾隆五十二年（1787年），以81岁高龄远涉重洋来到中国，请求得到清廷批准参观宫廷纸厂，学习造纸技术，并当场绘制图片，回国后写了一篇考察报告，呈交费城科学协会，建议向中国学习先进的造纸技艺。富兰克林还为造纸工艺的改进做出了很大的贡献，简化了欧式造纸法中的几道工序。

位于北美洲的加拿大，最初是从欧洲和美国进口纸的，直至1803年来自美国马萨诸塞州的福尔斯才在魁北克的圣安德鲁斯建立了境内第一个纸厂，由韦尔经营。1819年，霍兰在贝德福德盆地的一个村子里建立了加拿大的第二个手工造纸厂。随着报纸业的兴起，纸张的需求逐渐加大，成为当地生产纸张的推动力。

富兰克林

富兰克林是美国独立战争时重要的领导人之一，参与了多项重要文件的草拟，并曾出任美国驻法国大使，成功取得了法国对美国独立的支持。他曾被任命为美国首位邮政局长，被选为英国皇家学会院士，也曾经进行多项关于电的实验，并且发明了避雷针，最早提出电荷守恒定律。法国经济学家杜尔哥曾这样评价富兰克林："他从苍天那里取得了雷电，从暴君那里取得了民权。"

致　谢

　　《红楼梦》里有一句大家耳熟能详的诗句，就是："好风频借力，送我上青云。"借用这句诗，我在想我们这套丛书得以出版（上青云）凭借的"好风"是什么呢？

　　首先，第一阵"好风"是2008年8月8日晚8时第29届北京奥运会的开幕式给的。在那次特别的开幕式上，我们看到了冲天的焰火、铺张的画卷、跳跃的活字和金灿灿的司南，它们分别代表着闻名于世的中国古代的四大发明，即火药、造纸术、印刷术和指南针。现代高科技的声、光、电技术在世界人民面前强化和渲染了这一不容置疑的铁的事实。中国不仅是一个具有高度文明的历史古国，而且曾经在很长的一段时间里都一直是世界上的科学发明大国。我国古代的四大发明是欧洲封建社会的催命符，是近代资产阶级诞生的助产妇，更是西方现代文明的启明星，我为我们聪明而智慧的祖先感到骄傲和自豪。能为广大青少年读者组织编写这样一套图文并茂、讲叙故事的科普图书是我们责无旁贷的神圣职责，策划与创意的念头油然而生，所以，首先我要十分感谢的是2008年北京奥运会开幕式的总导演张艺谋先生及其出色的团队。

　　其次，第二阵"好风"是河南大学出版社的领导和编辑们给的。古希腊哲学家阿基米德有句流传甚广的名言："给我一个支点，我可以撬动整个地球。"那么，我也可以这样说：给我一个出版平台，我要创造一个出版界的神话，组织编写一套经得起时间考验的读者喜欢的科普图书。但自打那创意的念头萌芽以来，谁愿意给你这样一个出版平台呢？如果没有一点超前的慧眼、过人的胆识和冒险的精神，在现在这样一种一没有经费的资助、二没有官商包销的严峻的出版形势下，毅然决然地敢上这套丛书，不是疯了就是傻了。所以，其次我要十分感谢河南大学出版社的领导和编辑们，他们给我们提供了这样一个大气魄的出版平台。

　　再次，第三阵"好风"是华中科技大学科学技术协会柳会祥常务副主席和鲁亚莉副主席兼秘书长给的。柳主席是一位当过科技副县长的学校中层领导干部，在2012年10月的一个艳阳天里，我拿着与出版社签订的合同兴冲冲地前去他的办公室找他，他一目十行很快就看完了，当时就给中国科学技术协会的一位领导打了电话，马上决定支持我们一下，其干练、果断的工作作风令人难忘；而鲁主席也是当过学校医院院长的学校中层领导干部，在后来与其接触的过程中，她的机智、泼辣和周密的工作作风，使人不禁联想起了先前活跃在电视荧幕上的政治明星——前国务院副总理程慕华和吴仪。此后，我们又多次得到这两位领导的大力支持和帮助，感激之情实在是难于一一言表。所以，再次我要十分感谢华中科技大学科协的柳主席和鲁主席。（去年下半年由于工作的需要，柳主席已经调走，而接替他的是曹峰主席。因为我们的合作还没完成，所以刚开始我还有点担心，但与曹主席拜会几次后，感到曹主席为人正直、心胸开阔，他答应今后会一如既往地支持我们，这时我心中的愁云才一扫而空，非常感谢啊！）

再其次，第四阵"好风"应当是我们这批朝气蓬勃的90后作者们给的。2013年有一部很火的电影《中国合伙人》，它之所以很火，是因为其中的故事既大量借鉴了新东方的三位创始人的经历，也浓缩了中国许多成功创业家像马云、王石等人的传奇事迹。提及这部电影，主要是想起我和我们学校人文学院这批90后的作者们，跟他们的确是有一种亦生亦友的合作关系，年轻人的热情、拼命的性格，使我想起自己年轻时候的拼劲和干劲。"世界是你们的，也是我们的，但是归根结底是你们的。"（《毛主席语录》）希望他们能够"百尺竿头须进步，十方世界是全身"，今后能写出更多更好的作品来，因为他们的人生之路还很长。所以，再其次我要十分感谢我们学校这批90后的作者们，他们，除了署名副主编的以外，参与本书编写的还有吕蕊含、刘慧慧、刘东琪、刘瑶、刘冉冉、李颖昕、李文娴、周钰、杨蕾、段美娟、张冬雪、铁琼、寇思圆、麻莉雅、温碧清、滕琳等同学。

最后，第五阵"好风"是曾任我们学校校长的中国科学院院士杨叔子给的。杨院士是著名的机械工程专家、教育家，在担任校长期间，他就倡导应在全国理工科院校中加强大学生文化素质教育，并在国内外引起了强烈反响。他已达耄耋之年，但每天都在忙碌着。一年365天，他几乎都在工作，每晚直到深夜都不愿休息，常常要夫人敦促才去就寝。他们夫妇没有周末，没有节假日，从不逛街。所以，我们既想请他为本套丛书写序，又怕影响了他的工作和休息。那天，我怀着忐忑的心情，在柳主席的引领下到机械学院大楼杨院士的办公室去拜见他，进门后映入我眼前的是一个熟悉而又亲切的老者，厚厚的镜片后有一双睿智的眼睛。当他听说我们的来意后，便以略带着江西特色且略快的口音当即答应了下来。后来在书写我的笔名"东方暨白"中的"暨"时，对于是"暨"还是"既"字，他反复核对苏东坡的原文，一丝不苟，耳提面命，不禁令我这个文科出身的学生冷汗频出。所以，最后我要十分感谢杨院士这位德高望重的一字之师。

又，去年本书即将截稿之际，我们意外地得到了武汉市科学技术协会的关注和照顾，本书被纳入"2016年度武汉市全民科学素质行动计划科普工作项目"的经费资助名单，为此，非常感谢武汉市科协杨副主席，科普部的原任张部长、现任王部长和陈科长，以及企国部的宋部长等领导！

以上是按照事情发生的时间顺序写的，由于不想落入俗套地把它称为"后记"，故称之为"致谢"。最后，敬请阅读者不吝赐教。

东方暨白
2017年5月